AI와 공감

AI문고

인공지능 시대입니다. 기계가 인간의 인지를 대신하고, 사물이 인간을 통하지 않고 다른 사물과 직접 커뮤니케이션합니다. 이에 따른 인간 삶과 문명 변화를 정확히 이해·예측·대응하는 것은 이 시대 우리 모두의 과제입니다. AI문고는 인공지능 기술과 환경의 여러 주제를 10가지 키워드로 정리합니다. 관련 개념과 이론, 학계와 산업계의 쟁점, 우리 일상의 변화를 다룹니다. 인간과 기술의 현재, 미래를 세심히 분석합니다.

일러두기

- 인명, 작품명, 저서명, 개념어 등은 한글과 함께 괄호 안에 해당 국가의 원어를 병기했습니다.
- 외래어 표기는 현행 어문규정의 외래어표기법을 따랐습니다.
- 본 저서는 2017년 대한민국 교육부와 한국연구재단의 지원(NRF-2017S1A6A3A01078538)과 2023년 대한민국 교육부와 한국연구재단의 지원(NRF-2023S1A5A2A01077852)을 받아 수행하였습니다.

처음이세요?

전문가세요?

AI와 공감

이현정

대한민국, 서울, 커뮤니케이션북스, 2025

AI와 공감

지은이 이현정
펴낸이 박영률

초판 1쇄 펴낸날 2025년 1월 22일

커뮤니케이션북스(주)
출판 등록 2007년 8월 17일 제313-2007-000166호
02880 서울시 성북구 성북로 5-11
전화(02) 7474 001, 팩스(02) 736 5047
commbooks@commbooks.com
www.commbooks.com

ISBN 979-11-7307-305-2 03500

책값은 뒤표지에 표시되어 있습니다.

차례

기술과 사회 vii

01 인간 본성에 대해 1

02 인간의 존엄성 13

03 인간을 존엄하게 만드는 힘, 공감 23

04 가상과 현실의 모호한 경계 35

05 사회 구성원으로서 AI 43

06 AI의 약점 55

07 AI의 발전과 존엄성의 위기 65

08 AI 소통 방식의 잠재적 위험 77

09 AI 시대의 공감 89

10 AI와 인간 사이 관계 정립 101

기술과 사회

기술과 사회는 유기적으로 연결되어 작용한다. 기술의 혁신은 사회를 구성하는 사람들의 생활 방식 및 가치관 변화를 이끌었고, 변화된 사람들의 삶은 새로운 기술 발전으로 이어져 왔다. 인간의 특성을 설명하는 '호모(Homo)'로 시작되는 용어 중 '호모 파베르(Homo Faber)'라는 표현이 있다. 이는 도구를 창조하고 사용하고자 하는 인간의 본성을 설명한다(손화철, 2020). 프랑스의 철학자 앙리 베르그송(Henry Bergson)은 인간이 지성을 이용해 도구를 만들고 '급박하지는 않은' 상황에서 그 도구의 기능을 사용함으로써 또 다른 필요를 창조하고, 그 결과 행동의 자유도를 넓혀 나가게 된다고 통찰했다(Bergson, 1907). 인간이 자신을 향해 돌진하는 위험 요소로부터 자신을 지키기 위해 주변에서 발견한 돌을 무기로 활용하는 것과 같이 본능적으로 주변의 도구를 이용하는 것이 아니라, 나중의 언제가 쓰이게 될 가치를 고려해 특정한 형태의 도구를 제작하고 활용하는 것은 인간이 가진 신체적 능력을 확장하게 만든다. 그리고 그 확장된 신체적 능력의 반복적인 수행은 인간의 일부 기능을 퇴화시키기도 하고, 일부 기능은 향상시키기도 하며 기능적 진화에 영향을 미친다.

영국의 동물학자 조지 존 로메인스(George John Romanes)는 지성적 동물이 가진 본능을 '일차적 본능'과 '이차적 본능'으로 나누어 설명했다(Romanes, 1883). 그는 지성이 개입하지 않고 자연적으로 발생한 본능을 '일차적 본능'으로, 지성이 개입해 일어난 행동이 굳어져 본능이 된 것을 '이차적 본능'으로 구분했다. 인간은 일차적 본능을 가지고 태어나지만, 도구를 만들어 반복해서 사용함으로써 새로운 본능을 만들고 있다. 우리는 본능적으로 새로운 기기를 보면 작동법을 알아내기 위해 이리저리 탐색한다. 이는 과거 인류에게는 없었던 본능이다. 그리고 이차적 본능을 확장해 나가는 존재로서 인류는 영향력 있는 도구나 기술 활용을 기점으로 이전의 인류와 다른 의식과 능력을 발달시켰다. 예를 들어 문자가 개발되고 여러 정보의 전달과 교류가 활발히 이루어지면서 인간 뇌의 용적이 그에 맞추어 커졌고, 글을 읽는 능력은 인간의 기본 역량으로 자리 잡았다(Dehaene, 2009). 더불어 문자라는 도구를 활용한 '쓰기'와 인쇄 기술은 인간의 의식에 무시 못 할 영향을 미쳐 왔다. 미디어 생태학자인 월터 옹(Ong, 1982)은 인쇄 문화가 인간 의식이 개인주의를 지향하는 데 크게 이바지했다고 설명했다. 인쇄된 텍스트는 말로 소리 내지 않고 눈으로만 읽을 수 있어 여러 사람이 말로써 의미를 나누는 활동보다는 개인적인 사유에 적합하다. 인쇄는 또한 특정 문장이 누구에 의해서 만들어진 것인지를 명시함으로써 '말의 사적인 소유'라는 새로운 감각을 만들었다. 사람들의 입을 통해 전승되는 이야기와 달리 인쇄된 말은 특허와 저작권을 통해 사유재산의 형태를 띠었다. 로메인스의 분류를 토대로 본다면 원숭이와 코끼리 등의 도구 활용은 일차적 본능에 의한 결과로, 인간의 그것은 이차적 본능의 결과로 설명할 수 있겠다. 컴퓨터, 휴대폰, 에어컨, 냉장고 등 매일의 삶에서 기계의 도움을 받는 현재의 인류는 과거와 비교해 사용이 현격히 줄어든 근육이나 지능은 퇴화하는 한편, 기계 활용과 관련한 새로운 역량과 본능이 자리 잡아 가고 있음을 느낀다.

기술에 의해 변화된 인간의 의식과 능력은 역으로 기술의 진화 방향성을 결정하기도 한다. 매스미디어를 통해 우리는 전 세계 각지에서 일어나는 여러 소식과 사건을 접하고 분노 · 안도감 · 즐거움 · 슬픔 등 갖가지 감정을 느낀다. 이를 두고 캐나다 미디어 이론가인 마셜 매클

루언(McLuhan, 2003)은 "인류 전체가 피부처럼 기능하게 되었다"고 표현했다. 그는 이렇게 감각을 전달하는 기관이 '인류'라는 외부에 위치함으로 인해, 피부를 느끼는 중추신경체계 역시 인체 내부가 아니라 외부에 설치된다고 설명했다. 이 외부에 설치된 중추신경체계는 인터넷 네트워크와 컴퓨터로 연결된 망을 의미한다. 그런데 인간은 어떤 내용은 더 자세히 알아보고자 다양한 매체를 받아들이는 노력을 기울이고, 크게 흥미를 느끼지 못하는 내용은 의식적으로 차단한다. 인간은 외부 중추신경체계가 열어 주는 감각을 통해 받아들인 세상을 토대로 개인적인 감각의 균형을 재편한다. 즉, 기계를 통해 전달되는 세계를 받아들이며, 인간은 기계와 서로의 변화에 영향을 주는 관계가 되어 간다. 인간이 미디어 기술에 노출되면서 사회 참여적인 의식을 가지게 된 것, 미디어 기술이 더 많은 소수의 이야기를 담을 수 있게 진화한 것은 이러한 관계성을 설명한다고 볼 수 있다.

인간 의식 변화에 영향을 미치는 기술은 커뮤니케이션과 관련된 것에만 한정되어 있지 않다. 일반적으로 '기술' 하면 떠올리곤 하는 에너지 활용과 관련된 기술 역시 인간의 의식 변화에 지대한 영향을 미쳐 왔다. 예를 들어 중세 유럽 등지에서 발견된 쟁기의 활용은 농업 생산량

증가에 이바지했을 뿐 아니라 농업 공동체를 형성시킨 것으로 알려져 있다(White Jr., 1962). 크고 무거운 쟁기를 이용하면 저지의 비옥한 충적토를 경작할 수 있고 배수를 개량할 수 있다는 장점이 있지만, 인력으로는 도저히 이 무게를 감당하기 어렵다는 한계가 있었다. 이에 당시 사람들은 가축을 농업에 이용하기 시작했다. 무거운 쟁기를 이용해 경작하기 위해서는 소를 여러 마리 이용해야 했기 때문에, 이 과정에서 이웃 간 합의와 협력이 필요했고, 그 결과 촌락 공동체가 형성되었다. 더불어 기존 정방형 밭은 쟁기를 효율적으로 활용하기 부적절했기 때문에 촌락의 경작지들은 가늘고 긴 형태의 지조로 경작되어야 했다. 이에 농민들은 합의에 따라 경작지를 재분배해야 했는데, 토지 분할의 기준은 쟁기질에 대한 기여도에 따랐다. 그리고 능력에 따른 소유권 분배는 과거 자연의 일부분으로 인식되었던 인간을 자연의 지배자로 변화시킨 계기가 되었다.

문명을 통해 본 인류 지향점의 변화

인류 역사를 살펴보면, 문명은 기술을 근간으로 탄생했고, 그 시대의 '주류층'이 추구하는 지향점이라는 것을 알 수 있다. 인류 고대 문명의 발상지가 되었던 메소포타

미아 · 이집트 · 인도 · 중국은 농경과 목축에 유리한 조건을 갖추고 있어, 많은 사람들이 이곳에 정착해 사회를 형성했다. 고대 문명은 도시의 탄생, 계급의 발생, 문자의 발명, 금속의 사용이라는 공통적인 특징을 담고 있다(정동연, 2018). 다수가 공동체를 이루고 있다 보니 크고 작은 갈등 상황이 발생할 수밖에 없었으므로, 이를 해결하기 위해 제도와 체계가 만들어지며 도시의 구조가 갖추어진 것이다. 더불어 사람들 사이 중재자 역할을 하는 지도자가 등장했는데, 이는 계급 형성의 근간이 되었다. 그뿐만 아니라 법률과 계약이 제대로 이행되기 위해서 기록을 목적으로 문자가 발명되었는데, 문자 습득이 쉬운 일은 아니었으므로 문자는 지배계급과 피지배 계급을 나누는 데 일조하기도 했다. 당시 사람들은 또한 금속 도구를 만들어 농사 효율을 높이는 데 사용했는데, 도구를 만드는 대장장이는 도구와 식량을 교환할 수 있었으므로 농사를 짓지 않고 도구를 만드는 일에만 전념할 수 있었다. 그 결과 고대 도시에서는 여분의 식량을 생산할 수 있었고, 생계를 위한 노동에서 해방된 사람들을 중심으로 문화 활동이 시작되기도 했다(노대환, 2010). 당시의 문명인이 지향하는 바는 농경 생활과는 질적으로 다른 도시 공동체적 존재로서 사는 것이었다.

중세 말에서 근대 초, 르네상스 운동에서 비롯된 서양의 문명에는 인쇄 기술의 발달이 주요한 영향을 미쳤다(Rifkin, 2009). 인쇄술의 발달로 책의 대량 생산 및 보급이 이루어져 문맹률이 크게 떨어졌으며, 사람들의 생각을 공유하게 만드는 이 새로운 매체는 개인의 정신과 의식을 발달시켰다. 더불어 인쇄술은 방대한 양의 지식을 체계적이고 합리적으로 정리할 수 있게 하고, 논리적인 정렬을 가능하게 하며 근대 과학적 세계관의 기반이 되었다. 이 시기의 지식인들은 정치, 문화, 종교 등에서 암흑기를 걷고 있다고 믿었기 때문에 르네상스 운동을 통해 인간성을 회복하고자 했다. 따라서 당시 지식인들은 종교적으로는 전통적 교회의 교리에서 벗어나려는 노력을 기울이는 한편 문학과 예술 분야에서는 인간의 정체성을 활발히 탐구했다. 이 시기 문명의 지향점은 야만적 삶의 반대 의미로서 '고귀한 인간성과 품위 있는 교양을 갖춘 사람이 되는 것'이었다. 이러한 흐름에 발맞추어 당시 올바른 예법을 다룬 지침서가 부유층 사이에서 성행했다(안성찬, 2009). 사실 '문명'을 뜻하는 'civilisation'이라는 단어는 계몽주의 사상과 함께 인간의 이성과 진보성에 주목했던 18세기, 이러한 흐름을 빗대어 만들어진 신조어로 알려져 있다. 칸트(Kant), 루소(Rousseau)를 비롯한 당시 많은 지식인들은 '문명'이라는 단어를 위선, 세련되고 화려한 취향의 옹호, 허례허식 등과 같은 부정적 의미로 사용하며 이를 타파해야 할 것으로 보았다. 어쩌면 이런 비난은 역설적으로 '문명'이라는 단어가 그 시대 주류층 사람들이 추구했던 삶의 양식을 반영한 개념이라는 점을 설명하는지도 모른다.

한편 비슷한 시기, 우리나라를 비롯한 동아시아 유교권 국가에서 문명은 유학적으로 배움에 이르는 교화(敎化)를 의미했지만, 유학 기반이 약했던 일본에서는 개화(開化)와 같은 의미로 받아들였다(노대환, 2010). 중국의 문물을 발전한 문명으로 받아들였던 국가들과는 달리 일본은 서양의 제도와 과학적으로 발전한 문물을 받아들이는 것을 문명화와 같은 의미로 인식했다. 더불어 당시 서양에서는 서구 문물을 받아들이지 않은 국가들을 미개하다고 치부하고 정복해 식민지화하는 모습을 보였는데, 서양 문물을 일찍 받아들였던 일본은 문명의 표본이 되었던 서구 제국주의 국가들처럼 주변의 개화가 늦은 국가들을 정복하고 침탈하는 행위를 서슴없이 행했다. 이렇게 문명이라는 이름 아래 비인간적인 행위가 정당화되자, 이를 강하게 비판하는 지식인들도 있는 한편 물질적으로 문명화되지 않으면 멸망할 수 있음을 경계하며 진보한 물질 문명을 적극적으로 추구해야 한다고 주장하는 견해도 존재했다. 어쩌면 이 시기부터 인류는 문명에서 뒤처짐에 대해 긴장과 불안을 느끼게 되었는지도 모른다.

현대 문명의 지향점과 인간 소외

과학 기술의 진보는 인간 고유의 능력으로는 불가능한 다양한 일들을 가능하게 했다(Harari, 2014). 과학 기술이 발달하기 전, 자연은 인간에게 두려움과 경이로움, 경배의 대상이었다. 왜냐하면 인간은 하늘을 통해 눈으로 관측되는 지구 바깥의 세상뿐 아니라 지구 안에서 시시각각 벌어지는 다양한 환경의 변화, 심지어 인간 각자의 몸속에서 매일매일 일어나는 일들이 어떤 이유에서, 그리고 어떤 패턴에 따라 발생하는지에 전혀 무지했기 때문이다. 그러나 인류가 갈릴레이의 천체 망원경을 통해 인간의 신체적 능력으로는 닿을 수 없는 곳에 있는 우주의 달과 별을 마주한 이래, 여러 세기를 거치며 고도로 발달한 과학 기술은 인류에게 오랜 기간 호기심과 논쟁의 대상이 되었던 지구의 생김새를 달에서 찍은 사진을 통해 명확히 확인시켜 줌과 함께 대기의 흐름을 관측해 날씨를 예측할 수 있게 했다. 그런가 하면 인체의 눈으로는 확인할 수 없는 각종 미생물의 존재를 현미경으로 볼 수 있게 되면서, 이를 토대로 의학을 발전시키며 신의 영역이었던 생명의 연장에 인간의 능력을 뻗쳐 나갔다. 그리고 이렇게 끊임없이 발전하는 과학 기술은 현재 세계 문명을 주도하는 핵심 권력이 되고 있다.

세계적인 역사학자 유발 하라리(Yuval Harari)는 "자본주의의 역사는 과학을 고려하지 않으면 이해될 수 없다"고 언급했다(Harari, 2014). 자본주의는 자유시장의 체제에서 사유재산을 중심으로 기능하는 경제를 일컫는 단어다. 자본주의 국가들은 더 많은 수요를 창출한 결과로 더 많은 자본을 벌어들이며 경제 성장을 이루기를 지향한다. 그러나 충분히 풍요로운 환경에서 새로운 수요를 창출하기란 전혀 쉽지 않은 일이다. 그런데도 세계 여러 국가에서는 지속적인 경제 성장을 이룩해 왔는데, 이는 진보하는 과학 기술이 사람들의 소유욕과 문명에 뒤처짐에 따른 불안 심리를 자극하며 끊임없는 소비를 견인해 왔기 때문이다.

인류가 자본주의의 기틀을 마련한 배경에서 1, 2차 산업혁명을 빼놓고 설명하기란 불가능할 정도로 산업혁명의 영향력은 매우 크다. 인간이나 가축이 아닌 연료가 에너지원으로 쓰이면서 식량 생산량과 가공 속도가 증가

했을 뿐 아니라 수송 거리의 한계가 줄어들어 교역이 활발해졌다. 더불어 호모 파베르의 본능에 따라 창조된 다양한 도구와 물품들은 공장에서 대량 생산되며 사람들의 소유욕을 충족함과 동시에 또 다른 필요를 창조했다. 그리고 이런 필요들은 자본적 가치를 발생하며 산업의 크기를 확장했다.

그뿐 아니라 산업혁명은 지방 곳곳에 거주하던 다수의 인구를 공장이 집약된 도시에 집중시키고, 도시 특유의 빠른 생활 방식과 산업 중심의 가치관을 생성시켰다(Rifkin, 2009). 도시 인구는 빠르게 팽창했고, 세계 경제의 성장 및 미디어 기술의 발전과 함께 일반인 대다수가 학교 교육의 기회를 얻었으며, 문맹률도 크게 떨어지는 성과를 이루었다. 그러나 현대의 교육 목표는 사회 구성원들을 산업을 구동시키는 인력으로 성장시키는 데 초점이 맞춰져 있다. 현대의 새로운 도시에 대한 이상적 상을 그렸던 20세기 건축가 안토니아 산텔리아(Antonia Sant'Elia)는 도시를 '이동을 촉진하는 커다란 기계'로 묘사했다. 이는 현대의 도시란 생산의 효율성이라는 하나의 목표를 위해 작동하는 기계처럼 사람들을 효율적으로 움직이며 경제 성장을 유도할 목적으로 만들어진 공간임을 설명한다. 물론 현재의 도시가 산텔리아의 이상에 따라 효율성만을 목적으로 디자인되어 있거나 작동하고 있지는 않다. 그러나 현대의 도시 속 삶은 분명 효율성과 효과가 우선시되고 있으며, 도시민들에게는 합리성에 기초한 생각과 가치관이 최고의 선처럼 강조되고 있다. 이런 환경 속에서 경제 성장과 산업의 생산성에 능력을 기여하지 못하거나(혹은 기여할 수 없거나) 합리성에 벗어난 생각이나 행위를 하는 개인은 자연스럽게 이 사회에서 소외되고 있다.

21세기 기술 문명 사회에 대한 비판

수천 년의 인류 역사 속에서 문명의 한계가 지적될 때마다 이에 대한 자성의 목소리와 비판이 이어져 왔다. 앞서 언급했던 르네상스 운동은 종교에 의해 강요받아 왔던 전통적인 틀에서 벗어나 인간이 중심이었던 고대 문화로 회귀해야 한다는 생각이 발단된 결과다. 서양의 근대화 초기 단계에서 지배층의 화려함이나 겉치레에 치중하는 예절 등이 문명인 것처럼 일컬어졌을 때, 계몽주의 지식인들은 그 안에 인간 중심적 정신이 빠져 있음을 강하게 비판했다. 진보된 과학과 기술에 근거한 20세기 문명이 전쟁과 약탈, 민간인에 대한 대규모 학살 등의 끔찍한 결과로 이어지자 프랑크푸르트 학파를 중심으로 당시 정치적 이데올로기에 영향을 미친 여러 이론이 가졌던 모순점에 대한 비판이 이루어졌다.

이들 비판이 공통으로 경계하는 바는 인간성 훼손에 대한 위협이다. 이 위협은 인류가 기술 발전을 등에 업고 문명과 야만의 경계를 자의적으로 나누는 오만에서 기인한다. 비판의 대상이 되었던 문명의 영위자들은 그 대척점에 있는 이들을 어리석거나 수준이 낮은 것처럼 평가했다. 그들은 또한 문명이라고 이름 붙인 형식과 조건 등에 자기 생각과 행동을 꿰맞추고, 그것을 따르지 않는 사람들에 대해 존중과는 거리가 먼 태도를 보이며 인류 내 갈등을 빚어 왔다. 그 결과 인류는 유발 하라리가 『사피엔스』에서 지적한 바와 같이 풍요와 안전은 얻었지만, 행복의 좌표를 잃어버리고, 미래의 막연함이 주는 불안에 시달리게 되었는지도 모른다. 현재 첨단 기술이 발전함에 따라 문명도 진화를 거듭하고 있고, 이러한 사회를 살아가는 사람들은 문명인의 범주에서 탈락하지 않기 위해 새로운 기술을 적극적으로 받아들인다. 동시대를 살아가는 사람들 사이에서도 기술 수용 정도에 따라 격차가 벌어지고 있고, 그에 따른 갈등도 고조되는 양상이다.

그리고 현재의 기술 문명은 인간의 수고로움을 최소

화하는 방향으로 진보 중이다. 이에 따라 현재의 인류는 편리하고 효율적인 삶을 누리는 것처럼 보이지만, 정신적으로는 더 큰 불안을 호소하는 듯하다. 특히 현재의 기술은 인간의 신체적 한계에 따른 불편을 해결하는 범위를 넘어서 사람 사이에 일어나는 감정적 피로를 피하기 위한 용도로도 개발되고 있는데, 그 결과 오히려 사회적 갈등이 심화하는 양상이다. 예를 들어 구두 소통은 즉각적으로 이루어지기 때문에 문자를 통한 소통보다 논리적으로 정리된 내용을 전달하기 어렵다. 또한 구두 언어는 휘발성이 있어, 소통이 대개 실시간으로 이루어져야 한다는 한계도 있다. 온라인 채팅이나 인스턴트 메신저와 같은 컴퓨팅 기기를 매개로 한 소통(CMC: Computer mediated communication)은 이런 문제에 대한 해결책으로 떠오르며 인터넷 시대의 주류 소통 방식이 되었다. CMC는 온라인 창을 통해 문자가 남기 때문에 반드시 대화가 실시간으로 이루어질 필요도 없고, 생각을 논리적으로 정리할 수 있는 시간도 충분히 벌 수 있다. 그러나 CMC가 하나의 주류 소통 방식으로 자리 잡자, 구두로 대화하는 행동 자체에 부담과 스트레스를 느끼는 사람들이 늘어났고, 전화 통화 공포증을 뜻하는 '콜 포비아(Call Phobia)'라는 신조어가 생기기도 했다. 물론 누구나 마음 편하지 않은 상대와 통화를 할 때 긴장할 수 있다. 그러나 일부 사람들, 특히 디지털 문화가 익숙한 젊은 층에게 콜 포비아는 심리적 치료가 필요할 정도로 심각한 수준이다(손성원, 2024.6.14).

더불어 소셜 네트워크 등 디지털 소통은 집단 지성의 공간이 되기도 하고, 소외된 이들이 목소리를 낼 수 있는 효과가 있기도 하지만, 익명성을 가진다는 점, 누구나 자유롭게 의견을 게시할 수 있다는 점, 그리고 정보 전달과 확산이 빠르게 이루어질 수 있다는 점 등으로 인해 인신공격성 글이나 가짜 정보가 난무하기도 한다. 그 결과 소셜 네트워크 사이트를 통해 세대 간, 국적 간, 성별 간 갈등이 빈번히 조장되고, 그 골이 깊어져 가고 있다. 이 갈등의 당사자들은 마치 문명인과 야만인을 나누는 양상으로 상대측을 거리낌 없이 비하하며 인간성 훼손을 초래한다.

소통 과정에서 타인과의 불편한 만남의 상황을 회피할 수 있게 만드는 기술은 분명히 많은 이들에게 유용하게 활용되고 있으나, 콜 포비아 사례처럼 이 기술은 우리가 사회적 문제 해결 능력을 키우는 데에는 부정적으로 작용할 수 있다. 최근 이웃 간 빈번한 갈등을 일으키는 층간소음 문제는 심각한 범죄로까지 이어지고 있는데,

이 또한 비대면으로 문제를 해결하고자 하는 마음이 또 다른 문제를 낳은 사례라 할 수 있다. 당사자 간 대화를 통해 타협과 양보를 선택하는 대신, 각종 도구를 이용해 일부러 소음을 만들어 복수하는 방식은 불필요한 갈등만 높일 뿐이다.

21세기 핵심 기술이 되는 AI와 메타버스 관련 기술은 특히 인류의 사회적 소통 방식이나 역량에 직접적인 영향을 줄 수 있다. 현재 생성형 AI 챗봇은 사용자의 질문에 적합한 대답을 즉각적으로 찾아 제공해 줄 수 있는 수준으로 진보하고 있다. 그리고 메타버스 관련 기술은 사이버 공간이지만 사람들이 실재하는 공간이라고 착각하게 하거나 오랜 시간 머무를 수 있도록 하는 방안을 찾는데 주목하고 있다. 이러한 기술은 인류가 사회적 교류 과정에서 느낄 수 있는 여러 불편한 상황과 갈등을 피할 수 있게 함으로써 다른 사람의 생각이나 감정을 굳이 살피거나 이해하려는 노력을 들이지 않게 만든다. 이는 결과적으로 인류에게 긍정적일까, 부정적일까.

이 책의 구성

이 책은 21세기 강력한 기술 도구인 AI를 다양한 분야에서 사용하게 될 독자들이, 기술에 대한 단순한 수용자가 아니라 주체적 활용자로서 즐겁게 사용할 수 있게 되는 미래에 대한 바람을 담았다. 저자는 이를 위해 AI와 인간의 공생 방안, 즉 AI가 어떻게 쓰일 때 인간은 행복할 수 있을까에 대한 모두의 고민이 필요하다고 보았다. 따라서 이 책에서는 가장 먼저 무엇이 인간을 행복하게 만드는가에 대해 고찰했다. 그리고 행복에 이르는 길에서 공감의 중요성을 설명했다. 이후 본격적으로 AI의 특성을 살펴보면서 이것이 인간에게 미칠 긍정적, 부정적 영향을 인간 행복의 관점에서 판별해 보고자 했다.

'인간 본성의 실현'과 '존엄성의 실천'은 고대에서 현대에 이르기까지 여러 철학자가 행복의 척도로 설명해 온 개념이다. 이에 이 책의 1장과 2장에서 우선 인간이 가진 본성과 존엄성에 관련한 이론을 살펴보며, 인류 행복을 위해 지향해야 할 점을 명확히 하고자 했다. 그리고 3장에서는 1, 2장에서 살펴본 인간 본성과 존엄성을 지켜내는 힘의 원천이 인간의 공감 능력에 있다고 보고, 그 이유를 다루었다. 4장에서는 AI가 인간 존엄에 영향을 미치게 되리라 보는 이유에 대해 인간의 상상하기 본능을 중심을 중심으로 서술해 보았다. 5장에서는 AI가 사람이 아님에도 사회 구성원으로서 역할을 하게 만드는 강력한 장치인 메타버스를 살펴보고, AI와 인간의 사회적 교류 가능성을 고찰했다.

6장부터 8장까지는 AI에 의해 예상되는 위협을 중심으로 구성했다. 6장에서는 AI가 가진 약점을 기술적 취약성과 고유의 한계성을 중심으로 살펴보았다. 7장에서는 영리를 추구하는 기관인 '기업' 주도로 AI가 발전하는 양상에 대해 다루고 과거 AI가 인간 존엄성을 위협했던 사례를 근거로 AI 발전이 가져올 또 다른 위협 가능성을 고찰해 보았다. 그리고 8장에서는 AI의 소통 방식을 탐구하며, 이를 근거로 인간의 소통 방식에, 그리고 사회 전반에 어떤 영향을 줄 수 있는지 유추해 보았다.

마지막으로 9장과 10장에서는 이 책에서 특별히 강조하고자 하는 메시지를 담았다. 9장에서는 공감이 가진 역설적 차원을 설명하며, AI와 적극적으로 교류하게 될 사회에서 인류에게 요구되는 공감 방식을 고민해 보았다. 10장에서는 AI가 위험한 도구가 될 가능성에 대한 전문가들의 생각을 바탕으로, 저자가 생각하는 인간과 AI 간 공생을 위해 인간이 기울여야 할 노력을 구체적으로 제안했다.

참고문헌

노대환(2010). 『문명』, 소화.

손성원(2024.6.14). 전화기 앞에서 머뭇…MZ세대 30%가 겪는 전화 공포, 한국일보,
https://www.hankookilbo.com/News/Read/A2024052114310002067

손화철(2020). 『호모 파베르의 미래: 기술의 시대, 인간의 자리는 어디인가』, 아카넷.

안성찬(2009). '문명'의 기원:근대 서구에서 문명 개념은 어떻게 탄생하여 전개되었나. ≪인물과 사상≫, 제129호, 136-151.

정동연(2018). 『고대문명의 탄생』, 살림.

Aristotle(2009). *Nicomachean Ethics*, ed. Carlo Natali, Oxford University Press.

Bergson, H.(1907). *Creative Evolution*, Routledge. 최화 옮김(2020). 『창조적 진화』, 자유문고.

Dehaene, S.(2009) *Reading in the brain*, Penguin books. 이광오 외 옮김(2017). 『글 읽는 뇌』, 학지사.

Fromm, E.(2000). *The art of loving: The centennial edition*, A&C Black.

Kant, I.(1785). *Grundlegung zur Metaphysik der Sitten*, in Kant;s gesammelte Schriften, Bd. IV, hrsg. von der Königlich Preußischen Akademie der Wissenschaften. 김석수 · 김종국 옮김(2018). 『도덕형이상학 정초 실천이성비판』, 한길사.

Landes, N.(2016.8.26). 100 Years after His Death, the Legacy of Futurist Architect Antonio Sant'Elia Lives On,
https://www.artsy.net/article/artsy-editorial-the-futurist-architect-that-inspired-blade-runner-and-metropolis

Harari, Y.(2014). *Sapiens: A brief history of humankind*, Random House. 조현욱 옮김(2015). 『사피엔스』, 김영사.

McLuhan, M.(2003). *Understanding Media: The Extensions of Man*, The MIT Press. 김상호 옮김(2011). 『미디어의 이해』,

커뮤니케이션북스.

Nussbaum, M.(2022). *Creating Capabilities: The Human Development Approach*, Cambridge. Harvard University Press.

Ong, W.(1982). *Orality and Literacy*, Routledge. 임명진 옮김(2018). 『구술문화와 문자문화』, 문예출판사.

Rifkin, J.(2009). *The Empathic Civilization: The Race to Global Consciousness in a World in Crisis*, TarcherPerigee. 이경남 옮김(2010). 『공감의 시대』, 민음사.

Romanes, G. J.(1883). *Mental evolution in animals*, Kegan Paul, Trench.

White Jr., L.(1962). *Medieval Technology and Social Change*, Oxford University Press. 강일휴 옮김(2005). 『중세의 기술과 사회변화』, 지식의풍경.

01
인간 본성에 대해

고대 그리스 철학자 아리스토텔레스는 '인간은 사회적 동물'이라 표현했다. 사실상 인간 외에도 수많은 동물 종이 사회를 형성하고 상호작용하며 살아간다. 그러나 인간은 다른 사회성을 가진 동물과는 달리 친족이 아닌 개체들과도 협력하고 교류하는 특성이 있다. 이러한 본성으로 인해 인간은 사회에서 동떨어짐에 불안을 느낀다. 인간의 사회 지향적 본성은 창조성과 결합해 눈부신 기술과 문화를 꽃피운 원동력이 되었다.

AI와 1인 창업?

인간의 사회적 본능

인간은 야생의 생태계 환경에서 상대적으로 개체를 보존하기 어려운 신체적 조건을 지녔음에도 자연을 정복하고 개척해 수천 년에 걸친 생존과 진화를 이룬 특별한 존재다. 생물학자들은 이런 인간의 성과를 유전자에 새겨진 사회성과 이타성을 바탕으로 설명해 왔다. 사회생물학의 세계적 권위자인 에드워드 윌슨(Edward Wilson)은 인간을 생물학적으로 '진사회성 동물(eusociality animal)'로 분류했다(Wilson, 2012). 진사회성이란 여러 세대가 집단을 이루어 협력적으로 행동하는 것으로, 동물 사회에서는 가장 높은 수준의 사회성으로 판단된다. 진사회성 동물의 대표적인 예인 개미나 꿀벌은 번식에 관여하지 않는 개체가 희생이나 양육과 같이 이타적인 행동을 수행하는 경향성이 있다.

생물학적 관점에서 진화와 사회성은 이타적 성질을 제외하고 설명하기 어렵다. 이타성은 사회성을 가진 생물들에게 공통으로 적용되는 성질로, 개체가 이타적 희생을 통해 기대하는 바는 자신과 같은 집단 종의 다른 성원의 번식 성공률을 증대시키는 것이다(Rosenberg, 1992). 진화론적으로 이타성은 다음 세대에 유전자를 전달하는 것을 목적으로 삼기 때문에, 순수한 의미에서 이타성이라고 보기 어렵다는 견해도 있다(Parfit, 1984; Dawkins, 2002).

그러나 개미나 꿀벌과 달리 인간은 모든 개체가 번식 능력을 갖고 있다. 따라서 인간은 진화 과정에서 집단보다는 개인의 유전자 전달에 대한 목표 의식이 더 강한 편이라 할 수 있다. 인간은 타인과의 생존 경쟁에서 이기고자 이기적이거나 부도덕하게 행동하기도 하지만, 자신과 유전자를 공유하는 가족뿐 아니라 다른 집단들과도 동맹을 맺고 협력하는 특징을 가진다(Wilson, 2012). 협력했기 때문에 인간은 신체적 한계를 극복하고 지구상의 모든 생명 종을 제패하는 위치에 오를 수 있었다. 또한 인간은 다른 사회적 동물과 달리 유전자 보존이라는 본능적 목적 없이, 순수한 마음에서 자신을 희생해 타인을 돕는 이타주의를 행하기도 한다(정상모, 2007). 이렇게 인간만의 사회성은 생물학적 관점만으로는 이해하기 어려운 부분이 있다. 이는 인간의 본능을 이해하기 위해서는 생물학적인 맥락뿐 아니라 문화적 영향도 고려해야 할 필요가 있음을 함의한다.

자연에서 이타성은 혈연관계나 같은 종족이 아닌 개체들과의 교류에서도 나타나기도 하고, 유전자 전달을 기대하지 않는 대상에 대해서도 일어난다. '호혜적 이타주의(reciprocal altruism)' 이론에 따르면, 자연의 여러 생물은 상호작용 과정에서 도움을 주고받는 행위를 한다(Trivers, 1971). 예를 들어 흡혈박쥐는 먹이를 얻지 못한 동료에게 자기 피를 나누어 주고, 추후 자기가 먹이를 얻지 못할 때 동료로부터 보답받는다. 이러한 양상은 비단 동료가 아니라 완전히 다른 종 사이에서도 일어나는데, 예를 들어 청소 새우는 물고기의 기생충을 제거해 주고, 그 대가로 물고기는 청소 새우를 보호한다. 이런 주고받기식 이타주의도 결국 개체의 번식과 생존을 위한 것임을 알 수 있다. 진화를 거듭해 온 현재의 인류는 일상 대부분 시간을 혈연이 없는 사람들과 관계를 맺으며 살아가고 있다. 현대 사회에서 관계는 대개 깊이가 얕고 지속성이 짧으므로, 타인에 대해 종족 의식보다는 '나와 다른 개체'라는 인식이 큰 편이다. 이러한 배경에서 호혜적 이타주의는 인간이 개체를 안정적으로 유지해 나가는 데 매우 중요한 역할을 한다.

인간의 근본적 불안을 통해 본 본능

집단을 이루어 생활하는 사회적 동물은 무리 안에 있을 때 안정을 느끼고, 무리에서 벗어나면 스트레스를 받게 마련이다. 하물며 다른 동물들과 비교해도 상당히 미숙한 상태로 태어나 타인의 도움 없이는 성장은 물론 생존도 어려운 인간은 사회로부터 받는 영향이 높을 수밖에 없다. 우주는 인간의 안위를 바탕으로 만들어진 공간이 아니라 생존해 나가야 할 공간이다(Csikszentmihalyi, 1990). 이렇게 불안이 가득한 공간에서 인간이 행복을 쉽게 얻는 것은 거의 불가능에 가까워 보인다.

인간은 수많은 사람과의 관계가 맺고 끊어지는 변화를 경험하면서 극도의 불안과 안정을 반복적으로 경험한다. 신경과학자 게랄트 휘터(Gerald Hüther)는 동물과 달리 인간만 가진 특징으로 직·간접 경험을 통해 세상과 주변의 모습에 대한 이미지를 만들고, 이것이 흔들릴 때마다 스트레스를 받는 경향성을 설명하기도 했다(Hüther, 2004). 이러한 특징으로 인해 인간은 사회와 문화의 급격한 변화에 불안을 느끼게 마련이다. 나아가 이 변화가 사회적 대인관계까지 영향을 미친다면 이는 개인에게 감당하기 어려울 정도의 부담으로 느껴질 수도 있다.

불안을 느끼는 인간은 이러한 심리 상태를 극복하기 위해 갖가지 노력을 기울인다. 마음을 스스로 다스리기 위해 수행이나 명상 등을 하기도 하고, 어딘가에 깊이 몰두하는 무아지경을 경험하며 불안의 상태를 생각에서 지워 내기도 한다. 그리고 노력의 결과 불안의 상황을 잘 제어해 스트레스를 극복했다면 뿌듯함과 성취감을 느낀다. 반대로 불안으로 야기된 스트레스가 감당할 수준을 벗어났다고 판단하는 경우엔 완전히 무기력 상태에 빠지기도 한다.

인간의 창조적 본능과 모방, 그리고 문화

자연은 창조성을 가지기에 끊임없이 변화한다. 자연 생태계가 생과 사의 순환 법칙이나 정해진 흐름에 따라서만 작동한다면, 세상은 반복적인 현상의 연속일 뿐이었을 것이다. 그러나 자연은 예기치 않은 상황을 만들어 내고, 예상에서 벗어난 그것들이 자연 생태계 전반의 질서를 변화시키기도 한다. 크게는 지구의 기후 변화로 인해 지구상 대부분의 생명체 종이 사라지거나 환경에 적응하기 위해 진화하는 현상이 일어난 사례가 그렇고, 세부적으로는 자연 곳곳에서 알 수 없는 이유로 생겨난 돌연변이들이 생물 종의 다양성을 주도했다는 점이 그렇다. 진화론의 아버지로 불리는 다윈은 생물 종의 진화와 관련해 '환경에 적합하지 않은 개체는 자연히 도태된다'라는 '자연선택설'을 제시했고, 이 이론은 생명과학 분야의 기초가 되고 있다. 그러나 스튜어트 카우프만(Stuart

Kauffman)은 단순히 환경 변화 적응에 따라 생명체가 진화한다면, 기존 생명체 패러다임을 깬 종들이 나타날 수 없을 것임을 설명하며, 자연은 자생적으로 새로운 변화를 만들고, 그 변화가 초래한 혼돈 속에서도 질서를 찾아 나가는 힘 역시 가지고 있음을 주장했다(Kauffman, 1995). 조용현(2008)은 "창조적 능력이란 문제를 만드는 능력이지 주어진 문제를 푸는 능력은 아니"라고 하며, 돌연변이가 무작위로 생겨나는 것은 자연이 내재한 창조성을 나타내는 것임을 지지했다.

그리고 인간도 자연 일부분으로서 창조적 본능을 가진다. 어쩌면 그래서 인간을 두고 '소우주'라는 말이 나왔는지도 모른다. 사실 인간뿐 아니라 지성을 가진 원숭이나 코끼리도 인위적으로 도구를 사용할 줄 알기 때문에 지구상 생명체 중 인간만이 도구를 창조할 수 있는 역량을 가졌다고 단언하기는 어렵다. 그러나 인간은 자연에서 돌연변이가 발생하고 그 변이가 만들어 낸 불규칙 속에서 질서를 찾으며 다양성을 확장해 나가듯, 필요에 따라서만 도구를 만들고 이용하지 않고, 새로운 현상이나 기술을 만들고 또 그에 적응해 나간다. 즉, 인간은 생물학적 동물적 본능에 머무르지 않고, '그 시대의' 인간 본능을 새롭게 정의해 나가는 주도적인 개척자로서의 특성이 있다.

인간은 '사회적 학습'을 통해 자연 생태계 피라미드의 가장 높은 층에 서게 되었다. 참고로 사회적 학습은 다른 개체의 행동을 그대로 모방해 목적을 달성하는 것을 뜻하고, 그 반대 의미인 비사회적 학습은 실패의 경험을 통해 목적을 달성하는 방법을 터득하는 것을 뜻한다. 비사회적 학습은 시간과 노력뿐 아니라 높은 위험을 수반하는 반면, 사회적 학습은 상대적으로 위험성과 효율성이 낮다. 따라서 변화하는 환경에서 빠르게 적응하기 위해서는 이 두 가지를 전략적으로 혼합해 수행할 필요가 있다. 사실 사회적 학습은 인간뿐 아니라 각종 동물, 곤충에게까지도 먹이의 효율적 획득을 위해 널리 수행되어 온 적응 기제다(Hüther, 2004).

사회적 학습을 통해 발전하는 인간은 창조의 결과를 문화로 꽃피웠다. 사실 침팬지, 원숭이 등 일부 영장류도 인간처럼 먹이와는 상관없이 다른 개체의 행동을 모방하는, 일종의 문화적 행동을 행한다(van Schaik et al., 2003; van Schaik 2009). 그런데 인간은 침팬지, 원숭이 등과 비교할 수 없을 정도로 과하게 많은 행동을 모방한다(Laland, 2017). 사회적 학습에 대한 높은 의존도는 다수가 특정 행동을 반복적으로 수행하게 함으로써 문화적 지식이 된다. 게다가 창조적 본능을 가진 인간의 과한 사회적 학습 경향성은 행동 패턴의 빠른 변화로 이어지며, 유행과 풍습의 변화를 일으킨다.

인간에게 문화가 중요한 이유는 인간의 근본적 불안을 다스려 주기 때문이다. 앞서 언급했듯 자연과 우주는 그곳에서 생존해야 하는 임무가 주어진 인간에게 불안의 공간이다. 자연은 끊임없이 무질서하게 변화하고, 그로 인해 인간의 마음 기저에는 생존에 대한 위협과 불안감이 항상 자리 잡고 있을 수밖에 없다. 같은 문화를 공유하는 사람들은 서로가 연결되어 있음을 느낌으로써 정신적인 안정을 느낄 수 있다. 더불어 문화는 그 방식이 과학적이건 비과학적이건, 자연의 무질서 속에서 패턴이나 논리를 발견하며 형성된다. 결국 문화는 예상치 못한 불행에 대비할 수 있다는 믿음을 주며 인간이 심리적 위안을 느낄 수 있도록 한다(Csikszentmihalyi, 1990).

참고문헌

정상모(2007). 진화론적 이타주의의 개념적 난점과 윤리학적 함축. ≪과학철학≫, 10(2), 45-74.

조용현(2008). 공생, 합생, 창발성. 『사회생물학, 인간의 본성을 말하다』 중, 산지니.

Bergson, H.(1907). *Creative Evolution*, Routledge. 최화

옮김(2020). 『창조적 진화』, 자유문고.
Csikszentmihalyi, M.(1990). *Flow: The psychology of optimal experience*, Harper, 최인수 옮김(2004). 『몰입, 미치도록 행복한 나를 만난다』, 한울림.
Dawkins, R.(2002). *The Selfish Gene*, Oxford University Press. 홍영남 옮김(2018). 『이기적 유전자』, 을유문화사.
Hamilton, W. D.(1964). The genetical evolution of social behaviour. II. *Journal of theoretical biology, 7*(1), 17-52.
Hünemeier, T., et al.(2012). Cultural diversification promotes rapid phenotypic evolution in Xavánte Indians. *Proceedings of the National Academy of Sciences, 109*(1), 73-77.
Hüther, G.(2004). *Biologie der Angst: Wie aus Streß Gefühle werden*, Vandenhoeck & Ruprecht. 장현숙 옮김(2007). 『불안의 심리학』, 궁리.
Kauffman, S.(1995). *At home in the universe*, Oxford USA. 국형태 옮김(2002). 『혼돈의 가장자리』, 사이언스북스.
Laland, K.(2017). *Darwin's unfinished symphony*, Princeton University Press. 김준홍 옮김(2023). 『다윈의 미완성 교향곡』, 동아시아.
Lupyan, G., & Dale, R.(2010). Language structure is partly determined by social structure. *PloS one, 5*(1), e8559.
Parfit, D.(1984). Five mistakes in moral mathematics. *Reasons and persons*, 1, 55-83.
Rosenberg, C. E.(1992). *Explaining epidemics*, Cambridge University Press.
Trivers, R. L.(1971). The Evolution of Reciprocal Altruism. *Quarterly Review of Biology, 46*(1), 35-57.
van Schaik, C.(2009). Geographic variation in the behavior of wild great apes: Is it really Cultural? *The Question of Animal*

Culture, ed. K. N. Laland and B. G. Galef. Cambridge University Press, 79–98.

van Schaik, C., et al.(2003). Innovation in wild Bornean orangutans (Pongo pygmaeus wurmbii). *Behaviour*, 143, 839–876.

Wilson, E.(2012). *The social conquest of earth*, WW Norton & Company. 이한음 옮김(2013). 『지구의 정복자』, 사이언스북스.

Wilson, E.(2014). *The meaning of Human existence*, WW Norton. 이한음 옮김(2016). 『인간 존재의 의미』, 사이언스북스.

02
인간의 존엄성

우리나라 헌법 제10조에는 '인간은 모두 존엄한 존재'임이 명시되어 있고, 학교 교육에서는 인간의 존엄성을 강조한다. 존엄성의 사전적 의미는 '감히 범할 수 없는 높고 엄숙한 성질'이다. 그러나 '감히 범할 수 없다'라는 수식어가 붙을 정도로 당연한 인간 존엄성에 대해 여러 학자와 전문가들은 훼손의 위험을 걱정한다. 존엄성은 인간이 인간다울 수 있게 만드는 성질이자, 행복을 느끼게 만드는 원천이기에 중요하다.

AI와 MBTI?

인간 존엄성의 근거

인간 존엄성은 고대 그리스 철학자들에 의해 최초로 제시된 이래 현재도 지속해서 탐구되는 주제다. 다만 시대적 배경에 따라 그 근거를 다르게 설정하고 있다. 고대 철학자들은 인간의 이성에서 존엄성의 근거를 찾았다. 아리스토텔레스(Aristotle)는 『정치학(Politica)』에서 인간을 "이성과 언어를 가진 유일한 동물"이라 정의하며 인간의 특별한 가치를 설명했다. 키케로(Cicero)는 '존엄'이라는 개념을 처음으로 언급한 로마의 정치가이자 철학자다. 그는 천부적으로 이성을 가진 인간은 사회적 지위와 관계없이 존중받아야 할 존재임을 강조했다.

중세는 신권주의와 기독교적 세계관이 사회 전반을 지배했던 시기다. 따라서 당시 철학자들은 인간이 하느님의 형상(Imago Dei)으로 창조되었기 때문에 고유한 존엄성을 가졌다고 보았다. 종교적 신앙이 과학적 탐구보다 우위에 있던 당시 시대적 상황에서, 토마스 아퀴나스(Thomas Aquinas)는 이성과 신앙의 공존을 추구한 대표적 학자다. 그는 "인간은 지성적이며, 의사의 결정에 자유롭고, 그 자체로 행동의 주권이 있는 것으로서 하느님 모습으로 만들어졌다"라고 언급했다. 이는 그가 인간 존엄성의 근거를 하느님을 닮았다는 점 외에도 자유의지와 도덕적 선택을 할 수 있는 이성을 지녔다는 점에 두고 있음을 보여 준다. 더불어 이탈리아 철학자였던 피코 델라 미란돌라(Pico della Mirandola) 역시 하느님이 자신의 형상으로 인간을 창조하고 세계의 중심에 두었다고 보았다. 이에 더해 그는 동식물이 타고난 한 가지 모습만을 가지고 살아가는 것과 달리, 인간은 다양한 가능성과 능력을 안고 태어나고, 자유의지에 따라 자신이 어떤 존재가 될 것인지를 선택할 수 있으므로 존엄하다고 보았다. 즉, 그는 인간이 신에 기대지 않고 인간 그 자체로서 존엄하다고 강조했다. 신학과 철학의 융합을 꿈꾸었던 그는 당시에는 이단으로 취급받았다. 그의 대표저서 『인간 존엄성에 대한 연설』은 당시 잘 알려지지도 않았으나, 사망 후 조카에 의해 발간되어, 이후 '르네상스 인문주의의 선언문'으로서 가치가 주목되었다.

근대에 들어서 낡은 계급 중심 사회 이념이 무너지고, 데카르트의 주체 사상이 진리의 근거가 되면서 인간의 존엄성은 전 세계 민주주의의 근본이 되었다. 당시 철학자들은 자율성과 이성적 도덕법칙에서 인간 존엄성의 근거를 찾았다. 칸트는 이 시기에 인간 존엄성을 사유한 대표적인 철학자다. 칸트는 "어떤 것이 오로지 목적 자체일 수 있도록 해 주는 조건을 이루는 것에는 단순히 상대적 가치, 즉 가격이 존재하는 것이 아니라 오히려 내적 가치, 이른바 존엄성이 자리한다"고 했다(Kant, 1785). 즉, 존엄성이란 이용 가치에 따라 평가할 수 없고, 그 자체만으로 고결한 것이다. 감히 가치로 평가할 수 없는 '목적' 그 자체인 인간이 가치로 평가되는 '수단'화될 때 인간의 존엄성은 흔들린다. 그는 이성적 존재자가 자율적으로 도덕성 있는 생각과 행동을 할 때 존엄해진다고 보았다.

그리고 과학적 합리성을 강조하는 현대에 들어서 인간의 존엄성을 인권 및 평등 사상과 연결 지어 생각하는 경향이 두드러졌다. 현대 철학자들은 보편적 인권, 사회적 인정, 능력의 실현을 통해 존엄성이 보호되고 강화될 수 있다고 보았다. 사회철학자 존 롤스(John Rawls)는 개인의 존엄성을 사회적 계약의 기본 원리로 삼으며, 모든 인간이 평등하게 누려야 할 가치로 보았다(Rawls, 1999). '능력 접근법(capability approach)' 이론을 발전시킨 마사 누스바움(Martha Nussbaum)은 각 개인이 자기 잠재력을 충분히 발휘할 수 있는 능력과 기회를 가질 때 인간 존엄성이 실현된다고 주장했으며(Nussbaum, 2000), 악셀 호네트(Axel Honneth)는 사람들이 사회에서 인정받고 존중받을 때 인간 존엄성이 실현된다고 보았다(Honneth, 1992).

인간 존엄의 본질적 요소, 이성

시대를 막론하고, 존엄성을 설명할 때 '이성'은 빠지지 않고 등장하는 단어다. 아리스토텔레스는 인간을 '이성적 동물'로 정의했다. 그는 인간이 이성을 갖기에 다른 동물들과 차별화된다고 보았는데, 그의 관점에서 이성은 정치 공동체 규칙을 잘 따르려는 성향을 의미한다. 즉 그의 관점에서 이성은 국민 다수의 이익을 목표로 법과 규칙을 구성해 운영하는 '국가'라는 공동체가 제대로 설 수 있도록 협조적인 태도와 행동을 하는 것이다. 그뿐 아니라 플라톤 등 고대의 철학자들은 인간의 정체성을 기본적으로 사회 안에서 찾고자 했는데, 근대에 와서 칸트에 의해 인간은 비로소 주체를 확립한 한 개체로서 의미를 갖고 그에 따라 개인의 역량으로서 이성의 개념이 탐구되었다.

서양 철학에서 이성은 세상에 일어나는 여러 일들의 본질을 파악할 수 있는 능력을 의미하고, 그러한 관점에서 이성은 최소 네 가지 개념—보편적 이성, 직관적 이성, 비판적 이성, 도구적 이성—으로 분류된다(박정하, 2021). 보편적 이성은 자연과 인간 사회를 포함한 세상이 움직이는 보편법칙을 의미하고, 직관적 이성은 대상이 가진 본질과 질서 등을 직접 꿰뚫어 보는 능력을 의미한다. 그리고 비판적 이성과 도구적 이성은 인간의 존엄성과 높은 관련성을 갖는다. 비판적 이성은 근대 사상인 계몽주의와 함께 강조된 개념으로 외부의 압력이나 욕구 등에도 내면의 원칙에 따라 행동하려는 생각이고, 도구적 이성은 자본주의 중심 사상에서 목적 달성을 위해 다각도에서 문제의 해결 방안을 찾는 것이다. 호르크하이머, 아도르노 등 물질문명의 폐해인 세계대전을 겪은 철학자들은 효율성만을 강조하는 도구적 이성 중시가 인간 존엄성 위협으로 이어질 수 있음을 경계하며, 현대인들에게 비판적 이성을 함양할 필요성을 강조했다(문병호, 2021).

그렇다면 비판적 이성은 무엇이기에 인간 존엄성 논의의 중심에 서게 되었을까? 비판적 이성은 기존 권위 시대에서 당연시되고 강요되었던 인습들을 비판하는 활동에 기초를 두고 있다. 이는 모든 인간을 대등한 위치에 두고 옳고 그름을 따져 윤리와 도덕 체계를 새롭게 함을 추구한다. 근대 이성의 완성자로 불리는 철학자 칸트는 『순수이성 비판』, 『실천이성 비판』, 『판단력 비판』을 통해 비판적 이성을 확립하고 정당화하는 데 큰 공을 들였다. 특히 그는 『실천이성 비판』에서 인간이 이성에 따라 도덕법칙을 지키려 노력하는 행위를 통해 존엄함을 얻게 된다고 보았다. 그런데 칸트는 존엄함이란 의지와 행동이 함께 작동할 때 얻어지는 것으로 보았다. 예를 들어 다른 사람의 물건을 훔치지 않는 행위가 '다른 사람의 질책을 받는 것이 두렵기 때문'이라면, 이것은 이성이 자신의 본능을 통제한 결과라고 보기 어렵다. 타율에 의한 행동은 자신의 이익이 동기가 되기 때문이다. 그는 인간 존엄성은 자신이 세운 도덕적 원칙에 따라 자율적으로 행동할 때 진정으로 얻어질 수 있음을 강조했다.

인간 존엄 추구의 중요성

인간이 이성을 가진다는 것은 '나'를 의식함을 뜻한다. 나의 존재를 인식하기에 남의 존재도 인식할 수 있고, 의사소통을 통해 선과 악의 개념을 세울 수 있었다(백종현, 2017). 그리고 그 개념을 바탕으로 동물로서 가지는 기본적인 본능적 욕구를 억제하고 도덕의 가치를 추구할 수 있게 되었다. 그것이 인간에게 다른 동물과의 차이, 존엄을 부여한다. 그리고 자신의 존엄성을 인지하는 사람은 존엄한 존재로서 지위를 잃지 않기 위해 노력한다.

인간은 사회 속에서 존엄을 인정받으며 자신의 고유성

을 깨닫는다. 정치철학자 한나 아렌트(Hannah Arendt)는 인간이라면 누구나 가지게 되는 본질적 조건으로 노동(labor), 작업(work), 행위(action)를 들었는데, 이 중 '행위'를 할 때 인간은 인간으로서 정체성을 드러낸다고 보았다(Arendt, 1961). 행위는 인간이 다른 인간과의 관계 속에서 행하는 정치적이고 사회적인 활동을 의미한다. 노동과 작업과는 달리 행위는 "사물이나 물질의 매개 없이 인간들 사이에서 직접적으로 이루어지는 유일한 활동"이다. 아렌트는 인간의 존엄성이 공공 영역에서의 행위를 통해 실현됨을 강조했다. 공공 영역은 개인이 자기 생각과 의견을 자유롭게 펼치고 타인과 상호작용하는 공간으로, 이곳에서의 활동은 인간의 본질적 가치를 드러낸다. 따라서 그녀는 공공 영역에서의 참여와 행동이 억압 또는 제한받게 되는 경우 존엄성이 위협받을 수 있다고 설명한다.

빅터 프랭클(Viktor Frankl)은 나치 강제 수용소에서의 경험을 바탕으로 인간의 존엄성과 삶의 의미를 깊이 탐구한 학자다. 저서 『죽음의 수용소에서』에서 그는 나치 강제 수용소에서 경험한 비인간적 환경 속에서 존엄성을 유지하는 것은 인간으로서 본질을 잃지 않기 위한 길이었다고 회고했다(Frankl, 1985). 그는 "정말 중요한 것은 우리가 삶으로부터 무엇을 기대하는가가 아니라 삶이 우리로부터 무엇을 기대하는가 하는 것"이라 언급했다. 이는 모든 사람이 세상에 태어난 이유가 있는, 다시 말해 세상이 필요로 하는 존엄한 존재라고 보는 그의 관점을 설명한다. 그가 회고하길, 자신의 존엄을 인지하지 못하고 희망을 잃은 사람들은 머지않아 죽음에 이르렀다고 한다. 그는 존엄성이 고통의 상황에서도 자신을 잃지 않고, 오히려 고통에 의미를 부여하며 그것을 초월할 수 있게 하는 힘이 되었음을 강조했다.

참고문헌

김기현(2023). 『인간다움』, 21세기북스.

문병호(2021). 『호르크하이머와 아도르노의 계몽의 변증법 읽기』, 세창출판사.

박정하(2021). 칸트: 두 얼굴의 이성, 이론이성과 실천이성. 『이성과 반이성의 계보학』 중, 동녘.

백종현(2017). 『이성의 역사』, 아카넷.

Arendt, H.(1961). *Condition de I'homme moderne*, Calmann-Lévy. 이진우 옮김(2019). 『인간의 조건』, 한길사.

Aristotle(1905). *Aristotle's Politics*, Oxford :Clarendon Press.

Aquinas, T.(1978). *Biblioteca de autores cristianos*, Madrid. 정의채 외 옮김(1985). 『신학대전』, 성바오로출판사/바오로딸.

Cicero, M.(1967) *De finibus bonorum et malorum*, Harvard University Press. 김창성 옮김(1999). 『최고선악론』, 서광사.

della Mirandola P.(1486). *Oratio de hominis dignitate.* 성염 옮김(2009). 『인간 존엄성에 관한 연설』, 경세원.

Frankl, V.(1985). *Man's search for meaning*, Simon and Schuster. 이시형 옮김(2005). 『죽음의 수용소에서』, 청아출판사.

Honneth, A.(1992). Integrity and disrespect: Principles of a conception of morality based on the theory of recognition. *Political theory, 20*(2), 187-201.

Hüther, G.(2018). *Würde: Was uns stark macht – als Einzelne und als Gesellschaft*, Albrecht Knaus Verlag. 박여명 옮김(2019). 『존엄하게 산다는 것』, 인플루엔셜.

Kant, I.(1785). *Grundlegung zur Metaphysik der Sitten*, in Kant;s gesammelte Schriften, Bd. IV, hrsg. von der Königlich Preußischen Akademie der Wissenschaften. 김석수 · 김종국 옮김(2018). 『도덕형이상학 정초 실천이성비판』, 한길사.

Kant, I.(1788). *Kritik der praktischen Vernunft.* 백종혁 옮김(2006). 『순수이성비판』, 아카넷.

Kant, I.(1793). *Die Religion innerhalb der Grenzen der bloßen Vernunft.* 백종혁 옮김(2011). 『이성의 한계 안에서의 종교』, 아카넷.

Nussbaum, M.(2000). *Women and Human Development: The Capabilities Approach*, Cambridge, UK: Cambridge University Press.

Rawls, J.(1999). *A Theory of Justice*, Oxford. 황경식 옮김(2003). 『정의론』, 이학사.

03
인간을 존엄하게 만드는 힘, 공감

이성을 가지고 자율적 판단을 할 수 있는 인간은 누구나 존엄하다. 그러나 인간의 존엄함은 삶의 궤적 속에서 계속 인지되어야 한다. 그렇지 않으면 어느새 인간은 자신의 존엄성을 잊어버린다. 인간으로 태어난 이상 우리는 존엄성을 갈구한다. 그리고 일생에 걸쳐 자신의 존엄을 확인받기 위해 노력한다. 공감은 사회 구성원들이 서로를 존엄한 존재로 바라보게 함은 물론, 자신 또한 스스로 존엄한 존재임을 깨닫게 만드는 힘이 있다.

AI와 난임 극복?

존엄의 위기

'나'를 생각하는 인간은 평생에 걸쳐 정체성을 찾아 간다. 불완전한 존재로 태어난 인간은 양육자를 비롯한 타인의 영향을 받아 세상을 바라보는 관점 및 태도, 가치관 등을 정립해 간다. 신생아 시기의 뇌는 매우 미숙한 상태로 성장과 함께 발달해 온전한 구조를 갖추기까지 약 25년이 걸린다(Barrett, 2020). 인간의 뇌가 유아기를 지나 성인의 뇌까지 정상적으로 발달하려면 외부로부터 충분한 자극을 받을 필요가 있다. 인간의 뇌는 사회적 환경과 타인과의 상호작용을 통해 무엇이 옳은지 그른지를 학습하며 발전하고, 그 과정에서 정체성을 발견해 간다. 따라서 사회와 다양한 상호작용을 경험하지 못하거나 타인으로부터 존중을 충분히 느끼지 못한 아이들은 뇌를 온전히 성장시키고 건강한 정체성을 인식하는 데 어려움을 겪을 수 있다. 그리고 만약 자신의 정체성을 도구나 수단, 평가의 대상처럼 인식한다면, 존엄은 위기에 처할 수 있다.

한편 휘터는 개인이 존엄성에 위협을 느끼면 주체성과 자유를 추구하는 인간으로서의 기본 욕구까지 무너질 수 있다고 언급했다(Hüther, 2018). 존엄성이 위협을 받는 상황에서 사람의 뇌는 신체적 고통을 느낄 때와 같은 부분이 활성화된다. 이는 존엄성이 생존과도 연결될 수 있는 문제임을 뒷받침한다. 따라서 인간은 사회적 관계 속에서 자신의 존엄성을 찾기 위해 부단히 노력한다. 그러나 많은 사람은 존엄성의 의미를 잘못 이해하고, 남들로부터 인정받을 때 존엄함을 확인할 수 있다고 착각한다. 이런 생각은 "그 자체로 목적"인 존엄한 존재로서 자신을 받아들이지 못하고, 자신을 "수단화"하거나 평가 대상으로 만듦으로써 스스로 존엄을 해치는 격이 될 수도 있다.

인간의 존엄은 어떻게 지켜지는가

프랭클은 강제 수용소에서의 끔찍하고 고통스러운 환경에서도 스스로 존엄성을 지켰던 인물이다. 그는 극한의 상황에 정신적으로 휩쓸리기보다는 최대한 그 상황을 제삼자의 시선에서 바라보고 고통이 자신에게 부여하는 의미가 무엇인지 찾고자 했다(Frankl, 1985). 그는 정신과 의사로서 삶의 의미를 잃어버린 사람들을 도와주는 책임이 있다는 정체성을 강하게 인식하고 있었다. 따라서 그에게 수용소에서의 경험은 '극단적인 상황에서도 삶은 잠재적 의미가 있음'을 입증하는 본보기가 되리라는 믿음이 되었다. 그리고 그 믿음은 존엄성을 파괴할 만큼 비인간적이고 외부적 자유가 통제된 환경에서도 자신의 존엄을 지켜 낸 힘이 되었다.

정체성은 사회 환경과 타인의 영향을 받기에, 정체성을 통해 인지되는 존엄성 역시 그 영향을 받는다. 헤겔은 인간의 삶에 대해 "타자를 자기 자신으로 환원하고 또 이 타자 속에서 자기 자신을 발견하는 운동"이라고 설명했다(Hyppolite, 1946). 즉, 인간은 타인이 자신에 대해 내리는 평가를 통해 자신을 이해하고, 반대로 타인을 평가하며 자신의 욕구를 확인하는 존재라는 것이다. 특히 현대의 정체성 관련 연구들은 인간이 타인의 인정과 존중을 통해 존엄성을 확인할 수 있다고 설명한다(Taylor, 1931; Honneth, 1949). 에리히 프롬(Erich Fromm)은 존재 지향적 삶이 인간 정체성의 핵심이라고 주장하며, 이를 통해 인간 존엄성이 지켜질 수 있음을 강조했다(Fromm, 1955). 존재 지향적 삶이란 자신의 본질적 가치를 발견함으로써 자기 존재를 존중하는 동시에 사랑을 통해 타인의 존재를 존중하고 적극적으로 지지하는 과정을 의미한다.

그런데 존엄을 지키는 행동은 존엄성을 인식하는 사람으로부터만 가능하다. 휘터는 특히 아이들의 경우, 존엄의 위협에 노출되어 고통을 느낄 때 해결책으로서 상대를 존엄하지 않은 대상으로 취급하는－상대를 수단으로 생각하거나 가치 평가의 대상으로 여기는－경향이 있다고 이야기한다(Hüther, 2018). 또는 타인으로부터 수단과 평가 대상으로 취급받기 전에 미리 자신을 존엄하지 않은 존재로 설정해 고통의 두려움에서 회피하고자 하는 시도를 하기도 한다. 이 아이들이 성인이 되는 과정에서 존엄이 충족되는 경험을 느끼지 못한다면, 자신뿐 아니라 다른 사회 구성원들의 존엄에도 매우 부정적인 영향을 미칠 수 있다. 즉, 자신의 존엄을 인지하지 못하는 사람은 존엄이 침해당하는 상황에서도 문제를 인지하지 못할 수 있다. 그리고 타인의 존엄을 해치는 말이나 행동을 아무렇지 않게 행하며 서로의 존엄성에 상처를 줄 수도 있다.

종합해 보면, 인간이 사회 속에서 진정으로 자신의 존엄성을 느끼기 위해서는 다음 세 가지 층위의 존경이 복합적으로 작용할 때 가능하지 않은가 한다(참고로 이때 '존경'이라는 단어는, 특정 대상의 성취에 대해 대단히 긍정적인 평가를 받는다는 일반적 의미보다 어떤 누군가에 의해 대상의 정체성이 존엄하다고 인식되는 것을 의미한다).

1) 나에 대한 나의 존경: 나의 정체성은 스스로 정립한

것으로 자신만이 인지할 수 있는 영역의 것이다. 내가 나를 존엄한 존재로 인식하고 있지 않는다면 타인이 나를 수단화하거나 평가하며 존엄성을 훼손하는 상황에서 자신의 존엄성을 지켜 낼 수 없다. 사회 속에서 다양한 경험을 통해 내 정체성을 발견하고, 이것이 스스로 존경할 만하다고 생각되는 (이성적, 도덕적인) 방향으로 나아갈 때 존엄성은 인지될 수 있다.

2) 타인의 나에 대한 존경: 타인이 나에게 행하는 행동은 내가 존엄한 존재인지를 인식하게 한다. 타인에게 이용당했음을 인지하거나 무시받음을 느낄 때, 우리는 자신의 존엄성을 망각해 버릴 수도 있다. 나의 행동이 도덕적인지 아닌지는 사회적 합의에 따라 달라질 수 있는 성격의 것으로, 타인의 평가로부터만 인지될 수 있다. 타인이 존경의 대상으로서 나를 대함은 내가 자신의 존엄성을 인지할 수 있도록 만들어 준다.

3) 나의 타인에 대한 존경: 타인으로부터 좋지 않은 대우를 받은 사람은 불편한 감정을 다른 사람의 존엄을 깎아내리는 생각과 행동을 통해 해소하고자 하는 경향을 보인다(Hüther, 2018). 그리고 그러한 행동은 결코 존엄한 행동이 아니므로, 스스로 자신의 존엄을 훼손하는 결과가 된다. 따라서 타인을 통해 존엄성을 느끼길 바란다

면 우선 나 자신이 다른 사람들의 존엄성을 인식하고 있어야 한다. 더불어 존경의 대상이 나에게 존경을 표현할 때 평가의 신뢰도는 높아지기 때문에, 타인의 존엄성은 중요하다. 만약 존엄하다고 보기 어려운 대상이 나에게 존경을 표한다면, 예를 들어 극악한 범죄자가 사람들에게 나를 대단한 사람이라고 이야기한다는 소리를 들었다면, 그것은 도리어 나의 불쾌감을 유발하거나 자신의 존엄성에 의문을 품게 할 수도 있다.

인간을 존엄하게 만드는 공감

일반적으로 '공감'이라는 단어는 '다른 사람의 감정을 이해하고 동조하는 반응을 보이는 것'의 의미로 사용하는 경향이 있지만, 공감은 여러 층위의 작용을 포함하고 있어 명확하게 개념화하기 어려운 측면이 있다. 기본적으로 현재까지 공감은 크게 인지 · 이성적 층위, 정서 · 직관적 층위, 그리고 행동적 층위로 분류되어 연구되었다. 행동적 공감의 경우, 인지 · 이성적 공감과 정서 · 직관적 공감의 활성화 정도가 일부 영향을 미친다는 연구 결과도 있으나(Kanske et al, 2015), 나머지 두 공감은 각기 다른 두뇌 신경망의 작용으로부터 비롯된다. 인지 · 이성적 공감이 일어나는 메커니즘은 배내측전전두엽피질,

측두두정접합영역, 내측측두엽 등이 관여하고, 정서·직관적 공감은 하측전두회 및 하측정소엽을 포함하는 신경망이 관여하며, 이 두 층위의 공감도 명확한 반응으로 설명하기 어렵다(Shamay-Tsoory, 2011). 인지·이성적 공감으로 분류되는 반응은 타인의 생각을 상상하고 유추하는 것, 타인의 입장에 자신을 투영해 보는 것, 타인의 내적 상태를 파악하는 것 등을, 정서·직관적 공감으로 분류되는 반응은 타인의 감정이 전염되는 것, 타인의 감정을 인지하는 것, 타인의 입장이 되어 타인의 감정을 느끼는 것 등을 포함한다. 이렇게 공감은 어느 한 가지 특성만으로 능력치를 평가하기 적절하지 않은 측면이 있다. 따라서 공감의 실체는 이것이 어떤 역량을 대변하는지보다는 크고 작은 규모 사회 안에서 타인과의 연결성을 강화하는 행동들을 중심으로 살펴볼 때 더 잘 파악할 수 있으리라 본다.

최근 생태학 관련 연구들은 인간이 만물의 영장이 될 수 있었던 이유로 다른 동물들보다 특별히 발달한 공감 능력을 강조한다. 앞서 1장에서도 설명했듯 인간 외에도 많은 동물 종이 진사회성 동물로 분류되는데, 이들의 호혜적인 행위는 혈연관계나 같은 종족을 중심으로 수행된다. 반면 인간의 호혜적 행위는 가까운 집단에 한정되지 않고, 완전히 다른 낯선 집단들과도 동맹을 맺고 협력한다는 특징이 있다. 윌슨은 이것을 인간이 고도의 공감 능력과 사회적 지능을 갖게 된 이유로 보았다(Wilson, 2012). 잘못된 동맹은 상대방이 부정한 의도를 가졌거나 배신하는 경우, 집단에 큰 위험으로 작용할 수 있다. 따라서 인간은 상대의 의도나 감정을 파악하고 그에 맞는 전략을 구상할 필요가 있었으리라는 추측이다. 어쨌든 인간은 다양한 집단과의 협력과 교류를 통해 생존력을 높였고, 더불어 지식의 확장과 빠른 혁신을 이룬 결과 지구 생태계 내 존엄한 존재로서 위치를 확보했다고도 볼 수 있다.

나아가 공감할 수 있기에 인간은 사회 안에서 존엄함을 지켜 낼 수 있다. 인간은 완벽하지 않기에 의도치 않게 다른 사람의 존엄성에 해를 입히는 행동이나 말을 하기도 한다. 그런 일들이 어떤 누군가에게 반복적으로 행해지면, 그는 자신의 존엄성에 의문을 제기하거나 스스로 폄훼하는 모습을 보일 수 있다. 그 결과로 자신의 존엄에 대해 잘못된 인식이 심어지면, 그는 주체성 없는 삶을 살거나 자신의 존엄에 대한 욕구를 채우기 위해 타인을 수단화하려 할 수도 있다(Hüther, 2018). 만약 이러한 패턴이 사회 전반에서 일어난다면 인간의 존엄성은 설 자리를 잃어버리고 말 것이다.

공감은 이런 부정적 패턴을 약화하거나 끊어 내는 힘을 가진다. 공감은 인간 내면의 자아가 유대감을 느끼는 ―개인적 친분의 대상일 수도 있지만 단순히 정신적으로 의지하거나 흠모하는 유명인일 수도 있는―누군가와 신경적으로 긴밀하게 엮이는 반응이다(Bauer, 2021). 그 대상의 말과 행동으로부터 "있는 그대로의 나를 이해하고, 지지해 주고 있구나"라는 파장이 전달되면, 자신을 존엄하게 바라보고자 하는 의식도 살아난다. 자신의 존엄함을 인식할 수 있는 사람은 다른 사람도 존엄한 존재로 바라볼 수 있다. 결국 사회 구성원들이 서로를 존엄한 존재로 인식하고 공감의 행동을 통해 이를 확인함이 반복되면 인간의 존엄성은 힘을 얻을 수 있다.

참고문헌

백종현(2017). 『이성의 역사』, 아카넷.

Barrett, L.(2020). *Seven and a half lessons about the brain*, Brockman, Inc. 변지영 옮김(2021). 『이토록 뜻밖의 뇌과학』, 더퀘스트.

Bauer, J.(2021). *Das empathische Gen. Humanität, das Gute und die Bestimmung des Menschen*, Verlag Herder. 장윤경 옮김(2022). 『공감하는 유전자』, 매일경제신문사.

Frankl, V.(1985). *Man's search for meaning*, Simon and Schuster.

이시형 옮김(2005). 『죽음의 수용소에서』, 청아출판사.

Fromm, E.(1955). *The sane society*, Rinehart &Co.. 김병익 옮김(1999). 『건전한 사회』, 범우사.

Honneth, A.(1949). *Kampf um Anerkennung : zur moralischen Grammatik sozialer Konflikte*. 문성훈 · 이현재 옮김(2011). 『인정투쟁: 사회적 갈등의 도덕적 형식론』, 사월의책.

Hüther, G.(2018). *Würde: Was uns stark macht – als Einzelne und als Gesellschaft*, Albrecht Knaus Verlag. 박여명 옮김(2019). 『존엄하게 산다는 것』, 인플루엔셜.

Hyppolite, J.(1946). *Genése et Structure de la Phénoménologie de l'Esprit de Hegel*. 이종철 · 김상환 옮김(1986). 『헤겔의 정신현상학』, 문예출판사.

Kanske, P., et al.(2015). Dissecting the social brain: Introducing the EmpaToM to reveal distinct neural networks and brain–behavior relations for empathy and Theory of Mind. *NeuroImage*, 122, 6–19.

Shamay–Tsoory, S. G.(2011). The neural bases for empathy. *The Neuroscientist, 17*(1), 18–24.

Taylor, C.(1931). *Sources of the self: the making of the modern identity*. 권기돈 · 하주영 옮김(2015). 『자아의 원천들: 현대적 정체성의 형성』, 새물결출판사.

Wilson, E.(2012). The Social Conquest of Earth, WW Norton & Company. 이한음 옮김(2013). 『지구의 정복자』, 사이언스북스.

04
가상과 현실의 모호한 경계

인간은 지구상에서 아직 오지 않은 미래를 상상하는 유일한 동물이라고 한다. 사실 유일하다는 말이 무색하게, 어떤 동물은 과거의 행동을 근거로 가까운 미래에 하게 될 행동을 결정하기도 하고, 인형을 새끼나 동생으로 상상하고 보살피는 듯 행동하기도 한다. 그러나 동물들의 상상과는 달리 인간의 상상은 꽤 구체적인 허구의 세계를 그린다. 더욱이 인간의 상상력은 고도로 발달하는 첨단 기술과 접목되어 현실과의 경계를 무너뜨린다.

AI와 사주?

인간 특유의 본성, 상상하기

진화론에 따르면 인간은 주어진 환경에 적응하는 과정에서 생존에 필요한 능력을 발달시키는 방식으로 진화했다. 앞선 장에서 살펴본 바와 같이 진사회성과 함께 다른 집단과도 동맹을 맺고 협력하는 특성을 가진 인간은 진화 과정에서 다른 동물보다 높은 수준의 공감 능력을 갖추게 되었다(Wilson, 2012). 그렇다면 공감과 관련한 능력이 충분히 발달하기 전, 원시 시대의 인간은 어떻게 다른 사람이나 집단과 협력할 수 있었을까?

하라리는 그 가능성을 인간의 '상상력'에서 찾았다. 그는 사피엔스가 가진 허구 창작 능력이 대규모의 협력을 만들었기에 현재까지도 존재하는 유일한 인간종이 되었다고 설명한다(Harari, 2014). 수렵 시대 호모 사피엔스들은 '상상의 산물'인 고대 정령과 토템에 관한 이야기를 바탕으로 사회적 결속을 맺고 협력해 네안데르탈인을 몰아낼 수 있었다. 농업혁명과 함께 식량이 늘어나고 도시가 발생하면서 인구 규모가 이전과 비교할 수 없을 정도로 거대해진 이후에도 역시 신화, 설화 등에 대한 믿음은 사람들을 결속시키고 질서를 만들었으며, 사회를 기능하게 했다. 사실 공감 역시 상상력에 따른 메커니즘이라 볼 수 있다. 공감은 기본적으로 타인이 만들어 내는 언어나 행동을 신호로 받아들이고, 이를 토대로 그의 생각과 감정을 추측하는 과정이기 때문이다.

현실에 영향을 미치는 상상

모든 상상이 현실 사회에 의미 있는 영향을 주는 것은 아니다. 누구든 어린 시절 한 번쯤은 상상의 친구를 만들어 봤거나 자신을 특별한 사람이라고 상상해 본 경험이 있을 것이다. 그러한 상상은 나이가 들면서 자연스럽게 무뎌지고 한 사람의 어릴 적 추억 정도에 머무른다. 그러나 어떤 상상은 단순한 상상에서 머무르지 않고, 현실의 삶에 무시하지 못할 영향을 미친다. 예를 들어 징크스가 그렇다. 손목시계를 차고 출근이나 등교를 해야 좋지 않은 일이 일어나지 않을 것으로 생각하는 사람이 어느 날 손목시계를 깜빡했다면, 그는 온종일 불안하거나 사소한 안 좋은 일에도 시계를 깜빡한 자신을 탓할 것이다. 징크스가 작동한 것은 그것이 영향을 미칠 것이라는 강한 믿음 때문이다. 따라서 징크스를 극복하는 방법은 믿음을 깨고 '징크스는 상상일 뿐'이라는 것을 인지하는 것이다.

사실 상상으로 만들어진 세계인 가상과 현실의 경계선을 명확히 구분하기는 어렵다. 눈에 보이는 것 모두 현실이라고 판단하기 어렵고, 눈에 보이지 않는 모두가 가상인 것도 아닐 테니 말이다. 소리나 공기는 눈에 보이지 않지만 대부분 현실의 경계선 안에서 논의되고 있고, 꿈이나 홀로그램은 구체적인 이미지를 가진다 해도 가상의 범주를 벗어나지 않는다. 뇌과학자 모기 겐이치로(茂木健一郎)는 '물질'로서 존재하는 우리가 '현실'이라는 외부 세계를 인지하려면, '복수의 양상과 양상 사이에 걸쳐 있는 감각이 일치'될 필요가 있다고 설명한다(Mogi, 2004). 다시 말해, 우리 눈앞에 있는 물체가 현실이라는 믿음이 부여되려면, 시각이 보내는 신호와 일치하는 촉각이나 후각, 청각 등의 다른 감각이 동시에 느껴질 필요가 있다는 것이다.

그럼 신체 감각 기관을 통해 즉각적으로 느낄 수 없는 사랑, 인격, 행복, 위상, 이념 등은 현실인가, 가상인가? 사실 많은 철학자, 뇌과학자들은 이런 개념들을 가상이라고 '명시'하기도 했다. 그러나 현실과 가상의 차이에 대해 깊이 사유해 보지 않은 대다수의 일반 사람들은 이 단어를 굳이 현실과 분리해 생각하지 않는다. 아마도 그 이유는 이 개념들이 비록 특정 신체 감각을 통해 전달되는 성격의 것들은 아니지만, 분명히 현실에 존재하는 '나'를 움직이게 하고 변화시키는 등 실제적인 영향력을 미치기 때문일 것이다.

무엇이 현실이고 무엇이 가상인가

현실과 가상에 대한 현대 철학자들의 사유는 고대 플라톤의 '이데아' 사상으로부터 시작한다. 이데아 사상은 이 세계가 인간의 눈으로 볼 수 있는 현상하는 세계와, 그것을 움직이는 초월적인 세계로 나누어진다는 이원론을 바탕으로 한다. 우리는 현상하는 사물을 보며 그것이 실재한다고 생각하지만, 플라톤은 그것이 본질인 이데아의 그림자, 즉 가짜라고 보았다. 그는 이데아의 그림자는 감각을 통해 인지할 수 있지만, 이데아는 순수한 지성인 이성을 통해서만 이해될 수 있다고 설명했다(백종현, 2017).

플라톤(Plato)은 『국가』 10권에서 이데아를 모방한 현상계 내 가상들 사이에도 층위가 있음을 설명한다. 예를 들어 신이 만든 침대의 본질이 이데아라면, 현실의 목수는 그 본질을 최대한 모방해 형상을 만든다. 그런데 침대를 모티브로 한 시인이나 예술가의 작품은 그 모방한 형태를 모방한 결과일 뿐이다. 플라톤은 본질을 충실히 닮고자 하는 '진짜 유사물'인 복사물(eikones)과, 단순히 외관만을 흉내 내어 사람들을 속이거나 심지어 별로 닮지도 않게 구현되어 본질과 동떨어진 거리감이 느껴지는 '가짜 유사물'을 뜻하는 시뮬라크르(phantasmata)를 구분함으로써 현상하는 것들 사이에도 가치론적 '위계'를 세우고자 했다.

이렇게 플라톤은 시뮬라크르를 가장 하등으로 묘사했지만, 현대 철학자인 질 들뢰즈(Gilles Deleuze)는 시뮬라크르가 '플라톤주의를 전복'할 만큼 역동적인 힘이 있다고 보았다(박정자, 2011). 그는 시뮬라크르가 '차이와 반복'을 통해 상위 등급의 이미지들을 밟고 올라서는 정도가 아니라 '원본을 붕괴한다'고 표현한다. 예를 들어 매릴린 먼로의 사진을 복사해 색만 덧입힌 앤디 워홀의 작품처럼, 원본 이미지에 아주 약간의 차이를 가미한 작품은 원본을 닮았다고 해도 원본의 복사본이 아닌 완전히 새로운 작품이다. 그리고 그 작품을 그대로 수십, 수백 장 복제해 낸다면, 원본과 복제본의 구분은 큰 의미가 없어진다. 즉, 시뮬라크르가 만들어 내는 '차이'는 플라톤의 관점에서 원본을 훼손하는 '악한 것'이지만, 들뢰즈의 관점에서는 '새로움을 창조하는 것'인 것이다.

또 다른 현대 철학자 장 보드리야르(Jean Baudrillard)는 들뢰즈와 달리 시뮬라크르가 양산되는 현상을 비판적인 시선으로 바라보았다. 그는 실제 존재하지 않는 허구의 이미지인 시뮬라크르가 또 다른 실제가 되어 버리는 작용을 의미하는 '시뮬라시옹' 현상을 경계했다. 라스

베이거스의 베네치안 호텔에 들어가면 실내에 가상의 운하와 곤돌라 위에서 손님을 기다리는 뱃사공 분장을 한 사람들, 해 질 녘의 하늘이 펼쳐져 있다. 이곳에서 사람들은 이탈리아에 여행을 온 느낌을 받고 분명 실내에 있지만 야외에 있다는 착각을 한다. 이 장소는 시뮬라시옹에 의해 만들어진 파생된 실재(hyperréal)이지만, 이용객들에게는 현존하는 실재적 공간으로 믿어진다. 더욱이 미디어와 첨단 기술 발전으로 과잉 생산되는 시뮬라시옹은 실재하는 것을 변질시키기까지 한다. 실재하는 현실에는 궂은날처럼 고생스럽고 피하고 싶은 부분도 포함되어 있지만, 사람들의 니즈에 의해 만들어진 허구의 세계는 사람들의 말초적인 욕구만 충족시켜 준다. 인간은 다양한 크고 작은 경험을 통해, 심지어 어려움 속에서도 자신의 의미를 찾아가는 존재다. 그 과정을 통해 존엄성을 인지하는 우리 인간이 시뮬라시옹으로 잔뜩 덮인 환경에서 말초적 욕구 충족에만 집중하게 된다면, 삶의 의미와 정체성을 잃어버리게 될지도 모른다.

참고문헌

박성원(2019.5.7). 상상하는 인간의 탄생, 대구광역일보, http://www.dgy.co.kr/news/view.php?idx=142437

박정자(2011). 『마그리트와 시뮬라크르』, 기파랑.
백종현(2017). 『이성의 역사』, 아카넷.
Baudrillard, J.(1981). *Simulacres et Simulation*, Éditions Galilée. 하태환 옮김(2001). 『시뮬라시옹』, 민음사.
Deleuze, G.(1968). *Différence et répétition*, PUF. 김상환 옮김(2004). 『차이와 반복』, 민음사.
Habib, M.(2019). *Hegel and the foundations of literacy theory*, Cambridge University Press.
Harari, Y.(2014). *Sapiens: A brief history of humankind*, Random House. 조현욱 옮김(2015). 『사피엔스』, 김영사.
Mogi, K.(2004). *No to kaso*, Shinchosha. 손성애 옮김(2007). 『뇌와 가상』, 양문출판사.
Wilson, E.(2012). *The Social Conquest of Earth*, WW Norton & Company. 이한음 옮김(2013). 『지구의 정복자』, 사이언스북스.

05
사회 구성원으로서 AI

AI 관련 기술은 하루가 다르게 발전해 간다. 대규모 언어 모델로서 생성형 AI는 인간의 질문에 맥락에 맞는 답을 빠르게 만들어 제공하고, 전문성 있는 정보에 대해서는 일반인의 대답보다 나은 결괏값을 도출하기도 한다. 분명 AI는 다양한 분야에서 활용 가치가 있지만, AI의 빠른 확산에 대한 거부감을 느끼는 이들도 많고, 다양한 분야 전문가들은 AI가 인간성을 위협할 것이란 예측을 하기도 한다. AI가 미래 인간 사회의 구성원으로 인정받게 된다면 어떤 일이 벌어질까.

AI와 아이돌?

매체 기술에 의한 현실 세계의 확장

매체 기술의 발달은 가상의 세계에 대한 사회와 사람들의 인식을 변화시켜 간다. 대중문화라는 개념을 이끈 신문, 라디오, 텔레비전 등의 매체는 인간의 상상력을 적극적으로 사회에 끌어들이며 시뮬라시옹을 가속했다. 인터넷은 실시간의, 그리고 양방의 소통이 이루어질 수 있도록 함으로써 사람들이 가상의 세계를 현실에 더 가깝게 느끼도록 만들었다. 21세기 들어 큰 주목을 받은 소셜 미디어는 가상과 현실의 벽을 서서히 무너뜨렸으며, 비슷한 시기 소설 속에서만 존재했던 현실을 닮은 가상 공간인 메타버스가 실제로 등장하자 전문가들은 사이버 공간이 현실만큼 큰 영향력을 미치게 될 가능성을 긍정적으로 평가했다(Rossignol, 2007.9.9; Poftak, 2008.5.15).

그러나 여전히 가상 세계가 제2의 현실로 자리매김하게 될지는 미지수다. 최초의 메타버스 플랫폼으로 알려진 린든 랩(Linden Lab)의 '세컨드라이프'는 아바타를 이용해 현실과 닮은 공간에서 경제적 활동을 포함한 제2의 삶을 살아 볼 수 있게 함으로써 큰 기대를 모았다. 그러나 현실의 일상과 크게 다르지 않은 경험은 오히려 사람들에게 지루함을 느끼게 했고, 사람들의 관심에서 서서히 멀어졌다(서성은, 2008). 그러나 팬데믹으로 인해 지역사회 활동이 제한되었던 2020년부터 1~2년 동안, 메타버스에 대한 세상의 관심이 다시 집중되었다. '로블록스', '마인크래프트', '제페토' 등 '2세대'라 할 수 있는 메타버스의 이용자들은 세컨드라이프보다 다양하고 흥미로운 활동을 즐길 수 있었다. 소셜 활동은 물론 게임이나 전시, 콘서트 등 엔터테인먼트를 즐기고, 심지어 게임 콘텐츠, 아이템을 만들어 현실에서처럼 수익을 창출하거나 가상의 부동산에 투자할 수 있어 머지않아 현실과 가상의 경계가 사라지리라고 보는 관점도 많았다(Anderson & Rainie, 2022.6.30). 그러나 엔데믹에 접어들며 메타버스에 대한 관심은 크게 줄어들었고, 심지어 기술에 대한 기대치를 그린 가트너(Gartner)사의 하이프 사이클(hype cycle)의 2024년 버전에는 메타버스라는 용어가 사라지기까지 했다(Lawton, 2024.3.7).

메타버스의 미래 가치

비록 현재는 메타버스에 대한 관심이 줄어들긴 했지만, 발전된 증강현실 비전 기술과 AI 기술이 접목되었을 때의 미래 잠재성에 거는 기대는 여전히 긍정적인 편이다(Lawton, 2024.3.7). 101 블록체인스(101 Blockchains)

에 기고된 글에는 메타버스에서 AI 기술이 적용될 분야에 대해 정리했다(Howell, 2023.8.4). 다음의 다섯 분야는 가상과 현실의 물리적 격차를 줄임으로써 메타버스의 활용 가치를 끌어올릴 가능성을 담고 있다.

디지털 휴먼

기존 게임 공간에 배치된 NPC(플레이할 수 없는 캐릭터)는 프로그래밍된 정보를 제공하는 역할에 그쳤다. 그러나 언어를 생성하는 AI가 NPC에 적용되면, 이용자와 즉각적인 대화가 가능하고, 원하는 정보를 찾아 주는 챗봇의 기능을 할 수도 있다.

직관적 인터페이스

증강현실 헤드셋에 장착된 센서에 의해 수집되는 이용자의 뇌파 및 근육 움직임 데이터를 AI가 처리하고 다음 행동을 예측해 내면, 컨트롤러 없이도 메타버스 내 이동과 메뉴 선택이 가능하다. 2024년 7월, 바이오컴퓨팅 기업 싱크론(Synchron)은 루게릭병을 앓는 임상 실험자가 두뇌 칩(BCI)을 이식받고 별도의 손동작 없이도 애플의 비전 프로를 이용하는 데 성공했음을 발표했다(Rajpoot, 2024.8.7). 이는 기술의 상용화 가능성이 높아졌음을 보여 준다.

아바타 생성 관련

AI 생성 기술을 이용하면 이용자의 표정이나 몸동작을 스캔해 즉각적으로 캐릭터에 덧입힐 수 있다. 이는 메타버스 속 아바타가 실시간으로 현실의 내 얼굴이나 동작을 미러링하는 것을 가능하게 한다.

VR 세계 확장

AI 머신러닝은 기계가 자체적인 학습을 통해 새로운 데이터를 생성할 수 있도록 한다. 일반적인 게임 공간은 개발자들이 디자인한 범위 안에서 이용자들이 활동하도록 구성되어 있다. 그러나 AI를 활용하면 과거 데이터를 학습해 그럴듯한 공간을 디자인하며 쉽게 메타버스 공간을 확장할 수 있다.

언어 장벽 제거

AI 활용에 의한 기대가 높은 분야 중 하나는 통역 및 번역일 것이다. 이용자의 언어를 설정에 따라 즉각적으로 다른 언어로 변환해 주는 AI 기술을 적용하면 전 세계 이용자들 간 소통의 장벽을 허물 수 있다.

AI와 인간의 사회적 교류 가능성

디지털로 구성된 가상 공간인 메타버스에서 AI와 인간은 매우 활발한 사회적 교류 가능성을 가진다. 메타버스 내에서 모든 이용자는 아바타를 이용해 활동을 수행한다. 게임에서는 이용자들에게 정보를 제공하기 위해 곳곳에 NPC를 심어 두는데, 이용자들의 아바타와 NPC의 역할 경계가 나누어져 있지 않다면 이 공간에서 이용자는 AI와 인간을 구분할 수 없게 된다. 게다가 현재 많은 게임 및 AI 관련 기업들은 NPC에 AI 기술을 적용해 실시간 대화가 가능하게 하는 방향으로 기술을 발전시켜 나가고 있다. 2024년 3월 개최된 GDC(게임 개발자 콘퍼런스)에서 구글, 엔비디아, 유비소프트는 새로운 NPC 기술을 선보였다. 시연 영상 속 NPC는 이용자의 질문에 즉각적으로 맥락에 어울리는 답을 하고, 플레이어와 함께 게임을 즐기기도 한다(김재석, 2024.3.22).

추후 메타버스에 AI 기술이 도입된 NPC가 활용된다면, 메타버스의 사회적 공간으로서 입지는 커질 수 있다. 메타버스는 기본적으로 소셜 활동 플랫폼의 성격이 강하기 때문에 이용자가 많을수록 높은 가치를 갖는다. 일반적으로 사업 초반의 플랫폼들은 이용자가 적을 수밖에 없어, 이용자들이 또 다른 이용자들을 끌어오는 '양의 네트워크 효과'를 만들어 내는 데 어려움을 느낀다. 그런데 실시간 소통이 가능한 NPC를 활용한다면 실이용자 수가 적은 환경에서도 이들의 사회적 만족감을 채울 수 있다. 이뿐 아니라 NPC는 메타버스 내 긍정적인 분위기를 조성하는 역할로도 활용 가치가 있다. 현재 메타버스가 가진 여러 심각한 문제점 중 하나는 악의적 이용자들의 활동을 근절해 내기 어렵다는 것이다. 메타버스는 누구나 이용할 수 있고, 누군가 물의를 일으켜 강제로 퇴출 당하더라도 새로운 계정을 만들어 다시 들어올 수 있는 구조다. 따라서 이용자 중에는 혐오 발언이나 욕설로 전체적 분위기에 부정적 영향을 미친다든지 사이버 범죄를 일으키는 사람들도 있을 수 있다. 이 경우에 NPC는 잘못된 행동에 제약을 가하는 보안관이나 사이버 감시자 역할을 할 수 있다. 또 만약 소극적인 사람들로 구성되어 활성화되지 않은 커뮤니티가 있다면 NPC가 이용자 중 한 사람으로 투입되어 활발한 분위기를 조성할 수도 있다.

굳이 메타버스 내에서가 아니더라도, AI가 로봇 형태로 인간과 사회적인 관계를 맺게 될 가능성도 충분히 있다. 물론 2016년 개발된 인공지능 로봇 소피아는 인류를 파멸하겠다는 발언을 해, 로봇에 대한 거부감을 자아낸 일이 있다(안소영, 2016.3.21). 그러나 현재 AI 관련 거대기업들은 인간을 닮은 휴머노이드 로봇 개발에 적극적이다(신영빈, 2024.8.11). 휴머노이드 로봇은 인간과 비슷하게 몸을 작동시켜 인간의 일을 대체함으로써 편의성 향상에 도움이 될 것이란 기대를 모은다. 특히 로봇은 저출산 · 고령화 시대 미래 인력으로서 높은 활용 가치를 가진다. 이미 국내에서는 몇몇 지자체를 중심으로 노인을 위한 돌봄 로봇 서비스를 도입했고, 이러한 양상은 확산하는 추세다(이혜민, 2024.8.7). 돌봄 로봇은 인간의 건강을 실시간으로 확인하는 용도뿐 아니라 감정적 교류 목적으로도 개발되고 있어, 로봇이 인간 사회 구성원이 될 가능성이 전혀 없는 것은 아니다.

로봇의 형태 외에도 우리는 핸즈프리 아이템, 이를테면 스마트 글라스 등을 통해 AI와 실시간으로 교류하며 사회적 관계를 맺을 수도 있다. 과거 출시되었던 XR 고글은 너무 크고 거추장스럽다는 점이 단점으로 지적되었지만, 현재 이질감을 최소화하는 방향으로 기술 개발이 진행되고 있다. 메타는 패션 선글라스 브랜드인 레이밴(Rayban)과 파트너십을 통해 패셔너블한 스마트 글래스를 출시하기도 했다. 이렇게 매일 착용이 가능한 XR 고글에 AI의 멀티모달 방식이 적용된다면, AI는 이용자가 보는 시선과 이용자의 말, 주변의 소리 등을 그대로 입력해 이용자의 요청에 맞는 답변을 즉각적으로 할 수 있게 된다. 그래서 예를 들어 이용자가 고글을 쓰고 계란을 요리하면서 "지금 뒤집을까?"라는 요청을 넣으면, AI가 카메라를 통해 수집된 계란의 익힘 정도 이미지에 맞게 "뒤집어라" 또는 "1분만 더 기다려라"라는 답을 해 줄 수 있다. 이러한 가능성은 머지않아 영화 〈그녀〉에서처럼 AI가 연인이나 친구와 같은 친밀한 관계를 대체할 수도 있겠다는 생각에 이르게 한다. 이는 특히 외로움을 많이 느끼거나 사회적 관계 맺기에 서툰 사람들에게는 인간의 사회적 본성으로 인한 불안을 해소해 준다는 점에서 긍정적인 효과를 낼 수도 있는지 모른다. 그렇지만 실체가 없는 공허한 관계가 과연 얼마나 지속될 수 있을지 모를 일이며, 이러한 관계에서 과연 인간은 자신의 존엄성을 인지할 수 있을까. 더불어 이런 기술로 인해 인간이 다른 사람과의 관계 맺기에 들이는 수고나 노력의 필요성을 느끼지 못하게 된다면, 인간이 자기 스스로를 사회에서 고립시키는 일이 일어나는 것은 아닐까.

그야말로 시뮬라크르를 향해 가는 세상이다. 가상의 공간인 메타버스는 현실이 아니지만 현실로서 사람들에게 인지되도록 변화해 가고 있고, AI는 인간은 아니지만 인간이라고 믿어지도록 하는 방향으로 진화해 간다. 이러한 양상에 대해 들뢰즈처럼 낙관적인 시각을 가지는 것이 옳은지, 보드리야르처럼 비관적 시선을 가지는 것이 옳은지 아무도 정답이라고 이야기할 수 없다. 다만 무엇이 실제이고 무엇이 시뮬라크르인지 인지하는 것과 인지하지 못하는 것에는 큰 차이가 있다. 시뮬라크르에는 그것을 제작한, 기업이든 권력 기관이든, 누군가의 의도가 들어가 있게 마련이다. 현재의 인류가 존엄성을 지켜 나가기 위해서는 그 의도에 휘둘리지 않기 위한 부단한 노력이 필요하다.

참고문헌

김재석(2024.3.22). [GDC 2024] 게임과 인공지능, 어디까지 왔나?. This is game, https://www.thisisgame.com/webzine/nboard/263/?n=186265

서성은(2008). 메타버스 개발동향 및 발전전망 연구, ≪한국컴퓨터게임학회≫, 12권 3호, 15-23.

신영빈(2024.8.11). 차세대 휴머노이드 '피규어 02' 공개... 옵티머스·아틀라스 대적할까. 지디넷코리아, https://zdnet.co.kr/view/?no=20240810122239

안소영(2016.3.21). AI로봇 '소피아', "인류 파멸시키겠다" 섬뜩 발언. YTN뉴스, https://www.ytn.co.kr/_ln/0104_201603212000526647

이혜민(2024.8.7). 'AI콜·돌봄 로봇'... ICT 기술로 '돌봄 공백' 메워나간다. 메트로신문, https://www.metroseoul.co.kr/article/20240807500181

Anderson, J. & Rainie, L.(2022.6.30). The metaverse will fully emerge as its advocates predict. Pew Reasearch Center, https://www.pewresearch.org/internet/2022/06/30/the-metaverse-will-fully-emerge-as-its-advocates-predict/

Howell, J.(2023.8.4). The role of artificial intelligence (AI) in the metaverse. 101 Blockchains, https://101blockchains.com/artificial-intelligence-and-metaverse/

Lawton, G.(2024.3.7). Is the metaverse dead? Here's what happened and what's next. TechTarget, https://www.techtarget.com/searchcio/feature/Is-the-metaverse-dead-Heres-what-happened-and-whats-next

Moates, C.(2023.10.6). The role of AU in shaping the metaverse. Landvault, https://landvault.io/blog/role-of-ai-metaverse

Poftak, A.(2008.5.15). This is not a game: Law and orders in virtual worlds. Stanford Lawyer, https://law.stanford.edu/stanford-lawyer/articles/this-is-not-a-game-law-and-order-in-virtual-worlds/

Rajpoot, Y.(2024.8.7). Synchron's Vision Pro Mind Control: Revolutionizing accessibility with brain-computer interface. Medium, https://medium.com/@GetScience/synchrons-vision-pro-mind-control-revolutionizing-accessibility-with-brain-computer-interface-e24eb8a01de6

Rossignol, J.(2007.9.9). Interview: Prof. Henry Jenkins.

Rockpapershotgun,
https://www.rockpapershotgun.com/henry-jenkins-interview

06
AI의 약점

AI가 생성하는 결과물의 완성도는 날이 갈수록 높아지고, AI가 영향을 미치는 범위는 점차 넓어지는 추세다. 그러나 인간이 완벽할 수 없듯, 인간이 만들어 낸 AI도 완벽할 수 없다. 기계학습 AI는 데이터 학습을 통해 세상을 이해하므로, 데이터에 문제가 있다면 결과도 문제일 수 있다. 더욱이 그간 여러 AI 모델은 외부 공격에 대한 취약성이 포착되기도 했다. AI를 활용하는 주체로서 우리는 AI가 생성한 결과물을 수용 전에 항상 의심할 필요가 있다.

AI와 야구?

완벽할 수 없는 AI

딥러닝 AI는 딥러닝 학습을 통해 인공신경망에서 알고리즘을 결정하는 특성이 있어, 개발자도 알아내기 힘든 범주에서 여러 문제를 숨기고 있을 가능성이 크다. 아이러니하게도 AI는 개발자가 이해할 수 있는 수준에서 결과물을 도출하면 성능이 낮아지는 한계가 있기 때문에 발전과 안전 사이에서 갈등과 논란이 끊이지 않는 상황이다(채윤정, 2021.5.27). 기본적으로 딥러닝 모델은 방대한 데이터를 바탕으로 충분한 학습 과정을 거친 후 모델을 테스트하는 단계에서 도출되는 정확도를 높이는 것이 목표다. 과정보다 결과에 초점이 맞춰졌기 때문에, 만약 과정에 문제가 있다면 테스트 시점에서는 적절한 결과를 도출했다 해도 실제 사용 단계에서 충분히 오류를 생성할 수 있다.

기계학습 과정에서 발생할 수 있는 문제는 매우 다양하겠지만, 학습을 위한 데이터의 신뢰도가 떨어지는 경우 AI가 자체적으로 잘못된 알고리즘을 만들어 낼 수 있다는 점이 대표적이지 않을까 싶다. 그림 인식과 관련한 AI 모델의 경우를 예로 들어 보면, 딥러닝 AI 모델은 이미지 데이터를 학습해 알아서 공통점과 차이점을 구분하는 알고리즘을 구성한다. 최대한 많고 다양한 이미지 데이터를 학습할수록 정확도는 높아질 수 있다. 그러나 학습에 사용될 수천수만의 이미지 데이터를 모으는 일은 결코 쉽지 않다. 따라서 대부분은 온라인상의 데이터들을 이용하게 마련이다. 이미지 분류 능력을 알아보기 위한 벤치마크(benchmark: AI 모델이 의도에 맞게 작업을 잘 수행하는지를 평가하는 기준)로 대표적인 이미지넷(ImageNet)이라는 데이터셋(dataset: 데이터 집합체) 역시 온라인상의 이미지 데이터를 수집해 체계적으로 분류화하고 라벨링 작업을 수행한 결과물이다(Deng et al., 2009). 이미지넷은 미국 스탠퍼드와 프린스턴 대학의 뛰어난 연구진들 주도하에 아마존에 등록된 인력(Amazon Mechanical Turk)의 도움을 받아 완성된 수준급의 이미지 데이터셋이다. 그럼에도 이 안에는 많은 잘못된 이미지들, 예를 들어 하나로 라벨링하기 어렵게 여러 물체가 포함된 이미지, 물체의 특징이 제대로 담기지 않은 이미지 등이 포함되어 있다(Russakovsky et al., 2015). 또한 AI가 아무리 많은 데이터를 학습했다고 해도, 그 데이터는 모수의 부분집합일 뿐이다. 학습하지 않은 데이터에 대해서는 잘못된 답을 제시할 가능성이 크다.

더불어 개발자가 입력한 알고리즘도 완벽이 보장된

것이 아니므로 문제 발생의 원인이 될 수 있다. 예를 들어 고용과 관련된 AI 개발자가 인종차별적 가치관을 가졌거나 잘못된 고정관념을 가진 사람이라면 알고리즘도 그런 생각이 반영되어 구성될 수 있다. 더구나 사회적 관념은 시대에 따라 변할 수 있다. 과거에는 어떤 상황에서도 침착하게 대처할 수 있는 사람을 리더십 있는 인재상으로 생각했다. 그런 능력을 가려내기 위해 많은 기업에서 압박 면접을 도입했고, 현재의 취업 준비생들도 압박 면접에 대비한다. 그러나 심리학자인 김경일 교수는 한 TV 프로그램에서 "압박 면접이 소시오패스에게 유리할 수 있다"고 언급했다(박세영, 2018.4.20). 인간을 공장의 부품처럼 취급했던 산업 중심 시대에는 내면에서 일어나는 인간의 기본적 감정을 최대한 억누르는 것이 일종의 미덕처럼 여겨졌을 수도 있다. 그러나 시대가 변했음에도 이런 과거의 인식이나 고정관념이 AI 모델을 통해 보급된다면, 우리는 존엄성을 얻을 기회를 영영 얻기 어렵게 될지도 모른다.

외부 공격에 취약한 AI

AI 모델은 완벽할 수 없기에 단점을 파고드는 외부 공격에 금세 무너질 수도 있다. AI 기술 관련 연구 결과는 주로 새로운 기능을 담은 모델이나 이전보다 향상된 모델의 알고리즘에 관한 내용을 다루지만, 그에 못지않게 적대적 사례(adversarial examples)를 다루는 연구도 활발하다. 적대적 사례란 AI 기계학습 모델이 잘못된 예측을 하도록 만드는 교란 값들을 의미한다. 예를 들어 자율주행 자동차는 표지판을 인식해 상황에 맞게 운전하도록 시스템이 구성되어 있다. 그런데 에이크홀트 등의 연구(Eykholt et al., 2018)에 따르면, 표지판에 어떤 교란 값이 들어간 스티커를 부착하면 자동차는 '정지' 사인을 '최고 속력 45마일'로 인식했다. 이는 자칫 큰 사고로 이어질 수 있는 심각한 문제다.

더욱이 적대적 사례가 의도적으로 악용될 수 있다는 점은 문제의 심각성을 높인다. 첸 등의 연구(Chen et al., 2017)에서는 백도어 공격(backdoor attack)에 의한 적대적 사례에 대해 다루었다. 백도어는 정식 인증 절차 없이 컴퓨터와 암호 시스템에 접근하는 방법을 의미한다. 보통 백도어는 운영자가 테스트 단계에서 시스템 작동에 오류가 발생하는 경우 빠르게 수정할 수 있도록 의도적으로 심어 놓는다. 따라서 일반적으로 제품 출시 과정에서 제거되지만, 미국의 경우 정부 기관의 접근을 위해 남겨 두기도 한다(두산백과). 만약 딥러닝 AI가 적용된

CCTV 시스템에 누군가가 백도어를 통해 접속해 AI 모델에게 잘못된 데이터를 학습시키면 CCTV는 제 기능을 수행하기 어려워진다. 해당 연구에서는 어떤 출입자가 특수한 안경을 쓴 경우, AI 모델이 그 사람을 다른 사람으로 인식하는 사례를 보여 주었다.

그러나 AI가 특정 권력 기관에 의해 사람들을 통제하는 데 쓰이는 것처럼 부정적으로 활용되는 경우, 적대적 사례는 오히려 긍정적인 효과를 낳을 수도 있다. 지난 2019년 홍콩에서 일어난 민주화 시위에서 중국 경찰은 '스마트 가로등'을 설치해, 가로등에 부착된 카메라를 통해 포착된 시위 가담 인물들을 안면 인식 기능을 통해 특정하며 감시하고자 했다(이정아, 2019.9.10). 이는 정부가 사회를 통제하는 이른바 '빅브라더(big brother)' 역할 수행에 AI가 활용된 예로, AI 도입과 관련해 가장 경계해야 할 사례 중 하나다. 이에 미국의 한 디자이너는 시위대가 자신의 신원을 보호할 수 있게 하는 시스템을 고안했다. 그는 백슬래시(Backslash)라는 디자인 프로젝트 이름 아래, 착용자의 신원을 감추어 주는 스마트 반다나, 경찰의 존재를 동료에게 알리는 웨어러블 기기, 웨어러블 기기와 앱에서 읽을 수 있는 스텐실 등이 포함된 키트를 만들었다(Hollingsworth, 2019.8.25). 굿맨 등

(Goodman et al., 2020)은 대상을 인식하는 딥러닝 모델을 속이는 적대적 패턴이 포함된 티셔츠를 디자인하고, 그 내용을 오픈소스로 공개하기도 했다. 이처럼 AI 기술 발전과 함께 그 약점을 파고드는 기술도 발전한다. 따라서 AI가 아무리 대단한 결과물을 만들어 낸다고 하더라도 그것을 아무 의심 없이 받아들인다면 큰 위험을 초래할 수 있다.

인간을 따라갈 수 없는 AI의 한계

세계적인 빅테크 기업 메타의 AI 수석인 얀 르쿤(Yann Le Cun)은 한 팟캐스트 방송에 출연해, LLM(Large language model: 챗지피티(Chat GPT)와 같은 대규모 언어 모델)이 학습하는 데이터는 한계가 있을 수밖에 없다는 이야기를 한 바 있다. LLM은 대단한 양의 데이터를 일반적인 인간과 비교해 짧은 시간 안에 읽어 낼 수 있지만, 인간은 다양한 감각기관을 이용해 문서나 언어와 관련한 데이터뿐 아니라 실시간으로 경험하는 실제 세계에 대한 각종 정보를 수집하고, 뇌에서 빠르게 정보 처리를 수행한다. 따라서 르쿤은 AI가 복잡한 세계를 인지하는 인간의 능력을 따라가려면 아직 한참 멀었다고 보았다.

이는 인간을 흉내 내는 것이 전부일 수밖에 없는 AI의

한계를 설명한다. 분명 AI가 정보를 수집하고 분석하는 속도는 인간보다 월등하다. 그러나 결국 AI가 읽은 정보들은 인간이 감각을 통해 얻은 자극을 언어를 통해 기호화한 것이다. 즉, 인간의 감각기관을 통해 뇌에 전달된 정보가 1차 저작물이라고 한다면, AI가 중앙 처리 장치를 통해 처리하는 정보는 모두 누군가의 뇌에서 그들의 생각과 감정의 영향을 받아 편집되고 다듬어진 2차 저작물이다. AI는 인간에 앞서 어떤 새로운 생각이나 의견도 생성하지 못한다.

참고문헌

두산백과. 백도어,
https://terms.naver.com/entry.naver?docId=3431427&cid=40942&categoryId=32837

박세영(2018.4.20). 소시오패스 감별법 화제 "너 왜 나한테 먼저 말 안했어?". 아시아투데이,
https://www.asiatoday.co.kr/view.php?key=20180420001638585

이정아(2019.9.10). 얼굴 인식 정확도 99.9%... 홍콩 시위로 재점화된 '인권 침해' 논란. 헤럴드경제,
https://news.heraldcorp.com/view.php?ud=20190910000384

채윤정(2021.5.27). "포털 AI 알고리즘 개발·운영서 사람 개입돼 편향성 갖는다"... 공청회서 포털 알고리즘 공개 꼭 필요 목소리.

메트로신문,
https://www.metroseoul.co.kr/article/20210527500357
Chen, X., et al.(2017). Targeted backdoor attacks on deep learning systems using data poisoning. arXiv preprint arXiv:1712.05526. 1-18.
Deng, J., et al.(2009). Imagenet: A large-scale hierarchical image database. In 2009 IEEE conference on computer vision and pattern recognition. Ieee. 248-255.
Eykholt, K., et al.(2018). Robust physical-world attacks on deep learning visual classification. In Proceedings of the IEEE conference on computer vision and pattern recognition, 1625-1634.
Goodman, D., et al.(2020). Advbox: a toolbox to generate adversarial examples that fool neural networks. arXiv preprint arXiv:2001.05574. 1-10.
Hollingsworth, J.(2019.8.25). Why protests are becoming increasingly faceless. CNN, https://edition.cnn.com/style/article/protest-design-future-intl-hnk/index.html
Lex Fridman(2024). Yann Lecun: Meta AI, Open Source, Limits of LLMs, AGI & the Future of AI, https://www.youtube.com/watch?v=5t1vTLU7s40&t=0s
Russakovsky, O., et al.(2015). Imagenet large scale visual recognition challenge. *International journal of computer vision*, 115, 211-252.

07
AI의 발전과 존엄성의 위기

인간의 존엄성은 어떤 잣대로도 평가할 수 없는, 인간 그 자체로 특별한 '나'를 스스로 인식하고, 더불어 마찬가지로 존엄한 존재인 타인들로부터 존중받을 때 얻어진다. 반대로 인간이 수단과 평가의 대상으로 취급받으면 존엄성은 무너진다. 사람들의 데이터를 자양분으로 발전하는 AI는 인간을 수단화하는 여러 가능성을 갖고 있다. 문제는 이런 AI의 부작용을 완화할 제도나 법규가 기술의 발전 속도보다 한참이나 뒤떨어져 있다는 사실이다.

AI와 윤동주?

AI 기술 발전의 추세

최근 10년 동안 급격한 성장을 이룬 AI 기술은 놀라움과 동시에 두려움을 느끼게 한다. 사실 1950년대부터 시작되었던 AI 관련 연구는 1970년대 초, 그리고 1987년부터 1990년대 초중반까지 연구 자금이 끊기는 소위 'AI 겨울'이라 불리는 시기가 있을 정도로 사람들의 관심에서 멀어져 있었다(Fast & Horvitz, 2024). 그러나 지난 2016년에 있었던 한국의 바둑기사 이세돌과 구글 딥마인드사의 알파고의 대국에서 이세돌이 4-1로 크게 패한 사건은 일반 사람들뿐 아니라 전 세계 컴퓨팅 기술 관련 기업들을 긴장시켰다. 사실 그보다 훨씬 앞선 1997년에 IBM의 딥블루 시스템이 체스 챔피언을 이긴 사건이 있기는 했으나, 바둑은 체스보다 훨씬 수가 많고 복잡하다는 특성이 있다. 따라서 대국 전 AI가 사람을 이길 수 없다는 예측도 많았다(노연경, 2016.3.9). 그렇기에 알파고의 승리로 인해 당시 사람들은 마치 기계가 인류에 앞선 듯한 불쾌감까지 느끼기도 했다(최연구, 2016.4.10).

한동안 잠잠했던 AI를 향한 관심은 2022년 오픈AI사의 챗지피티(ChatGPT)가 베타 서비스를 시작하면서 다시 불붙었다. 대규모 언어 데이터를 분석해 문장을 생성하는 챗지피티는 잘못된 정보를 제공하는 등 문제가 있긴 했으나, 오픈AI가 공개한 자료에 따르면 미국 변호사 시험을 통과함은 물론 미국 수능(SAT), 대학원 수학 자격시험(GRE) 등 여러 테스트에서 준수한 성적을 얻어 세상을 놀라게 했다. 챗지피티는 AI 시장을 선도하는 듯한 인상을 주었고, 이는 구글을 비롯한 컴퓨팅 관련 기업들이 AI 기술 향상에 박차를 가하도록 만들었다. 그 결과 AI 기술 성능은 하루가 다르게 발전하고 있고, 챗지피티와 같이 언어를 생성하는 LLM뿐 아니라 이미지, 영상, 음악 등을 원하는 스타일로 생성하는 서비스 등 AI 이용에 대한 선택의 폭이 크게 확장되었다. 나아가 현재는 구글, 메타, MS, 삼성 등 거대 기술기업을 중심으로 사람과 유사하게 학습, 이해, 추론하는 것은 물론 창작과 문제 해결 등 복합적인 능력까지 갖춘 AGI(Artificial General Intelligence) 개발에 힘쓰고 있다.

이처럼 현재 AI 기술은 기업을 중심으로 빠르게 발전하고 있다. 물론 AI 말고도 현재까지 우리의 일상에 영향을 미쳐 온 기술 대부분은 기업 주도로 개발이 이루어져 왔다. 그러나 AI는 다음의 이유로 기업 경쟁 구도로 인한 급격한 발전에 특히 주의가 요구된다.

- AI는 인간을 닮은 기술로 윤리적 논란이 있을 수 있다.

• AI는 산업 전 분야에 적용되어 영향을 미칠 수 있는 기술이다.

• AI는 인간과 사회적 교류를 통해 생각과 가치관에 영향을 줄 수 있는 기술이다.

• AI는 현재 인간의 '책임'이 동반되는 범위의 행위(예: 판단 및 결정, 자동차 주행 등)까지 적용이 확대될 수 있는 기술이다.

이처럼 AI는 부작용에 대한 사회적 파급력이 매우 클 수 있다. 그 때문에 AI 기술의 적용은 정책이나 법 제도 개선과 함께 이루어질 필요가 있는데, 기업 경쟁으로 야기된 현재 AI 기술의 빠른 발전 속도는 정책의 변화를 훨씬 앞서는 상황이다. 이에 2023년 3월에는 대표적인 AI 기업 CEO들을 비롯한 1,000여 명이 넘는 전문가들이 AI 개발을 최소 6개월간 중단해야 한다는 문서에 서명했고(Scribner, 2023.3.29), 비슷한 시기 300명이 넘는 AI 전문가들은 AI의 위험성을 경고하는 연설문(statement of AI risk)에 서명하기도 했다(공인호, 2023.5.31). 그러나 이러한 결의는 전 세계 국가들의 기술 주도권 경쟁 구도가 세워지면서 본질적인 의미를 잃어버렸다.

기업 주도로 발전하는 AI의 잠재적 위험

현재 많은 이용자를 보유한 검색 포털 사이트들은 이용료를 따로 받지 않는다. 그런데도 운영이 가능한 이유는 광고주들로부터 광고료를 받기 때문이다. 사이트는 검색 결과 중간 중간에 광고를 보여 주거나 광고를 일정 시간 시청하지 않으면 콘텐츠를 볼 수 없게 하는 등의 방식으로 이용자들에게 광고를 밀어 넣는다. 이는 때로 이용자들의 콘텐츠 이용에 방해가 되지만, 포털 사이트 운영의 원천은 광고료이기에 그들에게 더 힘 있는 고객은 일반 이용자보다 광고주일 수밖에 없다. 만약 포털 사이트가 100% 이용자의 구독료로만 운영된다면 사이트 내 광고는 전혀 보이지 않게 될 것이다. 그렇지만 이용료 부담은 이용자들의 사이트 진입에 방해가 되고, 이용자가 많지 않으면 광고 효과도 없을 확률이 높아 광고 의뢰도 들어오지 않을 수 있어, 현재 포털 사이트들은 무료로 서비스를 제공하고 있다. 그러나 포털 사이트들이 광고주에게 너무 큰 힘을 실어 준다면, 광고가 콘텐츠에서 차지하는 비율이 과해질 수 있다. 그렇다면 그 결과 사이트를 떠나는 이용자도 늘어날 수 있다. 포털 사이트는 이용자가 많아야 가치가 높아지기 때문에, 광고주와 이용자들 사이에서 힘을 부여하는 적정선을 찾아낼 필요가 있다.

현재 대부분의 생성형 AI 서비스는 무료와 유료 서비스를 함께 제공하고 있으며 어떤 서비스는 무료에 기간 또는 횟수 등의 제약을 걸어 두고 있기도 하다. 생성형 AI의 선구자 격인 오픈AI의 경우 그러한 제약은 없지만, 무료 이용자들에게는 이전 버전의 챗지피티를 서비스하고, 유료 이용자들에게는 정보가 업데이트되고 버전이 상향된 서비스를 제공해 무료와 유료 서비스의 질적 차이를 구분하고 있다. 오픈AI는 빠른 버전 향상으로 높은 수익을 올렸지만, 미국의 기술 관련 정보지 《디 인포메이션(The Information)》에 따르면 2024년 현재는 운영 측면에서 대규모 적자를 겪고 있다(Efrati & Holmes, 2024.7.24). 이는 AI 모델의 운영 비용에 더해 모델의 버전 향상을 위해 지속적인 학습과 고급 인력의 수급이 필요한 까닭이다.

만약 막대한 규모의 기업 투자가 이루어지지 않는다면, 불가피하게 광고주를 개입시키거나 이용자들에게 최대한 맞춤형 서비스를 제공하며 구독료를 올릴 수도 있을 것이다. 만약 AI 서비스에 광고주가 개입된다면 생성되는 정보에 광고가 개입해 신뢰성이 낮은 정보를 제공할 수도 있다. 반대로 이용료를 올리고자 한다면 기업은 그에 합당한 서비스를 제공해야 할 것이고, 이 과정에서 인간 존엄성은 충분히 위협받을 가능성이 있다.

AI의 인간 존엄성 위협 가능성

AI는 요청 수행의 정확도를 올리는 것이 목적인 다분히 목표 중심적 모델이다. 인간은 지시에 따른 업무를 할 때, 그 업무가 도덕이나 윤리에 어긋나는 일이라면 수행을 망설인다. 그러나 AI는 개발자가 어떤 조건적 제동을 걸지 않은 경우 요청자가 만족할 만한 결과를 내놓는 목적 외의 다른 생각 프로세스를 거치지 않는다. 다음 사례들은 이러한 AI의 특징이 인간에게 위협이 될 수 있음을 보여 준다.

영국 항공학회(Royal Aeronautical Society) 홈페이지에는 2023년 런던에서 열린 미래 전투 항공 및 우주 역량 정상회담(Future Combat Air and Space Capabilities Summit)에서 미 공군의 AI 드론 시뮬레이션에 대해 발표된 내용이 게시되어 있다. 이 글에 따르면 AI 드론은 지대공 미사일 사이트를 식별해 파괴하는 임무를 맡았고, 최종 결정은 인간 운영자에게 맡겨졌다. 성공 포인트를 최대한 많이 달성하는 것이 목표였던 AI는 미사일 표적을 식별하고 공격하는 것이 임무 달성에 필요한 포인트를 올린다는 것을 학습했다. 그런데 인간 운영자가 때때로 그의 공격을 저지하는 명령을 하자, AI 드론은 성공 포인트를 얻지 못하게 방해하는 운영자를 공격했다.

이런 일도 있었다. 젊은 층 또래 집단 사이에서는 SNS 챌린지 영상을 올리는 것이 유행이다. 한 10대 소녀는 아마존의 인공지능 스피커 알렉사(Alexa)에게 챌린지할 만한 것을 찾아 달라는 요청을 했다. 그 결과 알렉사는 한때 '페니 챌린지'라는 이름으로 유행했던 챌린지를 권장했다. 그런데 이 챌린지는 감전 사고나 화재를 일으킬 수 있는 아주 위험한 행동이었다. 알렉사는 위험성을 전혀 고려하지 않고 오직 '요청에 맞게 응답한다'라는 목표 달성을 위해 챌린지를 추천한 것이다. 다행히 근처에 소녀의 엄마가 있었기에 위험한 상황은 발생하지 않았지만, 목표 중심적으로 작동하는 AI는 이렇게 뜻밖의 상황에서 아주 위험한 존재가 될 수도 있다.

AI 서비스 이용료가 올라간다면 그만큼 AI 기업은 이용자들이 만족할 만한 서비스를 제공해야 이용자들의 이탈을 막을 수 있을 것이다. 그런데 그런 서비스가 때로는 윤리와 도덕성을 벗어나는 범위의 것이라면 사회는 큰 혼란에 빠질 수 있다. 예를 들어 해커들이 AI에 해킹 프로그램 설계를 요구하거나 누군가의 명예를 훼손할 수 있는 합성 사진을 만들어 달라는 부도덕한 요청을 수행할 수도 있다. 실제로 2023년 랜섬웨어 동향 보고서에 따르면 인공지능 기술 발전과 함께 이를 활용한 랜섬웨어 공격도 급격히 증가했다(송혜리, 2024.2.20). 현재 시중에 서비스되는 LLM 모델들은 해킹에 대한 요청을 거부하도록 프로그램되어 있는데, 해커들이 교묘하게 명령어에서 '해킹'을 제외하고 코드 생성을 유도한 것이었다. 그런데 서비스 이용료가 올라간다면 소비자인 해커들을 위해 이런 위험한 기능들을 더 편리하게 사용하는 서비스가 제공될 수도 있지 않을까?

여기에 더해 만약 AI 서비스의 소비자가 권력 기관이라면 인권 침해는 정당화될 수도 있다. 2002년 작품인 영화 〈마이너리티 리포트〉는 범죄 가능성을 미리 포착해 사건이 일어나기 직전에 가해자를 체포하는 '프리크라임(pre-crime)'이라는 가상 기술을 소재로 다뤘다. 이 영화는 2054년 미국 워싱턴을 배경으로 하는데, 그보다 몇십 년이나 앞선 2010년대 후반 세계 여러 지역의 경찰은 시민들의 데이터를 이용해 잠재적 범죄자를 지목하는 이 '프리크라임' 기술을 도입해 여러 차례 논란이 된 바 있다. 프리크라임은 권력기관이 개인의 소중한 정보를 함부로 수집하고 다룸으로써 시민들을 통제하는 심각한 문제를 일으킬 수 있다(Lapowsky, 2018.5.22). 현재 한국에서도 범죄를 예측하는 시스템을 만들어 도입을 앞두고 있거나, 일부 도시에서는 시범 도입이 이루어지기도 했다(박지민, 2024.7.18). 이 시스템을 개발한 주체 기관도 부작용의 '가능성'을 지적하고는 있지만(백주아, 2024.7.31), 아직 이에 대한 어떠한 법규나 정책도 마련되지 않은 상황이라는 점이 매우 아쉽다.

참고문헌

공인호(2023.5.31). 'AI 위험(인류종말)' 성명서, 무슨 내용 담겼기에. Fortune Korea, https://www.fortunekorea.co.kr/news/articleView.html?idxno=28282

노연경(2016.3.9). 한국은 이세돌에, 미국은 알파고에 걸었다. 아시아경제, https://view.asiae.co.kr/news/view.htm?idxno=2016030916044013236

박지민(2024.7.18). '마이너리티 리포트' 현실로...AI가 CCTV로 범죄 위험 예측한다. 조선일보, https://www.chosun.com/economy/science/2024/07/18/W55JH7YN5FDWZLVUGAH5ZWVPLY/

백주아(2024.7.31). "AI로 범죄 예측·예방…미래 형사·법무정책 AI가 만든다"[만났습니다]. 이데일리, https://www.edaily.co.kr/News/Read?newsId=01190646638960096

송혜리(2024.2.26). "챗 GPT, 피싱 메일 작성해줘"... AI 해커가 등장했다. 뉴시스,

https://www.newsis.com/view/?id=NISX20240219_0002631058
최연구(2016.4.10). [최연구의 未來眼] 알파고 쇼크와 인간의 미래. 에너지경제,
https://www.ekn.kr/web/view.php?key=212180
Fast, E., & Horvitz, E.(2017). Long-term trends in the public perception of artificial intelligence. *Thirty-First AAAI Conference on Artificial Intelligence. 8*(7), 945-967.
Efrati, A., & Holmes, A.(2024.7.24). The Information,
https://www.theinformation.com/articles/why-openai-could-lose-5-billion-this-year
Lapowsky, I.(2018.5.22). How the LAPD Uses Data to Predict Crime. WIRED,
https://www.wired.com/story/los-angeles-police-department-predictive-policing/
OpenAI. https://openai.com/product/gpt-4
Royal Aeronautical Society. Highlights from the RAeS Future Combat Air & Space Capabilities Summit.
https://www.aerosociety.com/news/highlights-from-the-raes-future-combat-air-space-capabilities-summit/`
Scribner, H.(2023.3.29). Key lines from Elon Musk, others' call to pause AI development. AXIOS,
https://www.axios.com/2023/03/29/elon-musk-gpt-4-chat-open-ai
Shead, S.(2021.12.29). Amazon's Alexa assistant told a child to do a potentially lethal challenge. CNBC,
https://www.cnbc.com/2021/12/29/amazons-alexa-told-a-child-to-do-a-potentially-lethal-challenge.html

08
AI 소통 방식의 잠재적 위험

스탠포드 대학교의 리 지앙(Li Jiang) 교수는 "인공지능 시대, 우리가 이런 강력한 도구를 사용하지 않는다면 다른 사람과의 경쟁이 어려워질 것"이라 언급하며 AI 사용을 적극적으로 권장했다. AI는 분명 우리에게 편의를 제공할 것이며, 머지않아 미래 인류는 AI 활용에 익숙해질 것이다. 그런데 AI는 소통 방식까지 인간 편의에 초점을 맞추고 있다. 인간이 AI와의 소통에 익숙해진다면, 사회는 심각한 부작용을 겪을지도 모른다.

AI와 한의학?

인공지능이 말하는 방식

미국 스탠퍼드 대학교의 인간 중심 인공지능연구소(Stanford Institute for Human-Centered AI)는 2020년부터 매년 한 해 동안 이루어진 AI의 발전 수준과 추세, 기술에 대한 대중의 인식 등을 담은 보고서를 발간한다. 2024년 보고서에는 대규모 언어 모델(LLM: Large Language Model)이 로봇 기술 발전에 큰 영향을 미쳤다는 내용이 담겨 있다. LLM은 언어를 통해 인간과 소통할 수 있도록 설계된 AI 모델이다. 보고서에서 강조한 부분은 구글의 다중 모달 모델(텍스트, 이미지, 음성, 영상 등 다양한 데이터 양식을 함께 처리하는 모델)인 PaLM-E가 적용된 로봇이 '언어 데이터'를 바탕으로 훈련해 요청에 맞게 물리적인 움직임을 만들어 냈다는 점이다(Driess et al., 2023). 이는 앞으로 SF영화처럼 로봇이 사람의 요청을 알아듣고 특정 업무를 대행해 주는 에이전트 역할을 하리라는 기대를 자아내는 동시에, 로봇과 인간이 사회적 상호작용을 하게 될 미래가 머지않았음을 보여 주는 듯하다.

현재 고도화된 수준의 LLM이 인간의 요청에 따라 만드는 대답은 실제 인간이 하는 말처럼 거의 어색함이 없지만, LLM과 인간의 대화 방식은 근본적으로 다르다. 인간의 언어는 인간의 머릿속에 있는 생각을 다른 사람이 이해할 수 있도록 표현하는 도구다. 따라서 말을 하기 전에 인간은 생각을 정리하고 그것을 어떻게 표현할 것인지를 계획한다. 그렇지만 LLM은 어떤 대답이 적합한지를 생각하는 과정 없이, 요청과 관련해 확률분포상에서 높은 확률에 있는 말들을 자동으로 쏟아낼 뿐이다.

그런데도 LLM이 인간의 언어를 비교적 유창하게 따라 하는 것은 자연어 처리(NLP: Natural Language Processing)를 통해 문장 내 요소 간 상관성을 파악해 예측을 수행하기 때문이다. 이 시스템은 단어가 아닌 토큰(token)을 예측한다. 토큰은 접두사, 접미사와 같은 형태소나 문자, 단어와 같이 작은 단위가 될 수도 있고, 하나의 전체 구문과 같은 큰 단위일 수도 있는데, 컴퓨터는 텍스트 데이터를 이해하지 못하기 때문에 처리가 가능한 형태인 토큰으로 변환해 데이터를 분석한다(Humor, 2023.9.11). 시스템은 온라인상의 수만 가지 문장들을 학습하고 수학적 기법을 통해 시퀀스를 구성하는 요소 간 확률적 상관성을 파악한다. 따라서 프롬프트가 제시되면 프롬프트에 의해 온라인상에서 수집된 정보들을 활용해 적합한 시퀀스를 생성한다. 즉, AI의 언어는 인간이 사용한 언어 구성 요소의 상관관계를 파악해 수집한 토큰을 차례로 뱉어 내는 것이다. 따라서 같은 프롬프트를 반복해서 호출해도 높은 확률분포상의 토큰들을 연결함으로써 이전의 답과 다르지만 그럴싸한 텍스트를 도출해 낼 수 있다.

인간 소통의 높은 오류 발생 가능성

인간은 많은 부분 타인의 행동이나 생각의 변화를 기대하며 소통한다. 나은영(2015)은 인간의 소통 방식을 크게 '표현적 커뮤니케이션'과 '도구적 커뮤니케이션'으로 나누어 설명했다. 표현적 커뮤니케이션은 자신 또는 어떤 특정 대상에 대한 정서를 표현함을 의미한다. 이는 순수하게 자기가 인지한 바나 느낌을 표출하는 소통 방식으로 타인의 변화를 목적하지 않는다. 그러나 도구적 커뮤니케이션은 자기 생각을 타인이 받아들이며 자신이 목적했던 바를 이루기 위해 수행된다. 단순히 지시나 요청과 같은 소통이 아닐지라도 설득이나 제안을 통해 상대방의 생각과 행동 변화에 영향을 미친다든지, 상대방이 자신에 대한 어떤 특정한 이미지를 갖거나 감정을 느끼도록 하는 언어적 · 비언어적 표현도 이에 포함된다. 그런데 목적한 바를 이루기 위한 과정은 결코 쉬운 일이 아니다. 타인은 나와 문화를 공유할 수도 있지만 완전히 다른 환경이나 경험에서 비롯한 가치관을 따르고 있을 수도 있어, 같은 표현이라도 대상에 따라 다른 영향을 미칠 수 있다. 따라서 도구적 커뮤니케이션에서는 상대방의 내면을 고려해 적절한 단어 사용이나 표현 방식을 계획하는 섬세함이 요구된다.

언어는 사회적 약속으로 말미암아 현상되는 '상징'이다. 우리가 '사과'라는 단어를 들으면 빨갛게 익은 동그란 형태의 과일을 떠올리는 것은, 그러한 사회적 약속을 교육받았기 때문이다. 만약 어떤 사회에서 '사과'가 '방학'이라는 뜻의 은어로 통용되고 있다면, 그 사회의 약속에 따라 '사과'라는 단어는 다른 의미로 규정된다. 그런데 사회는 고정되지 않은 현상 공간이다(Arendt, 1958). 둘 이상의 사람이 모여 소통하면 그곳이 어디든 사회가 현상되지만, 이들이 흩어지면 그 사회도 사라진다. 교육을 통해 우리는 언어가 가진 일반적 규약을 배우고 그 규약에 따라 소통하지만, 다른 한편 매일 다르게 현상되는 새로운 사회들 속에서 새로운 규약을 학습해 상대방의 변화에 더 효과적으로 작용할 만한 소통 방식을 채택하기도 한다.

그런데 다양한 사람들을 하나하나 파악하는 것은 여간 부담되는 일이 아니다. 따라서 과거에 축적한 경험을 바탕으로 세상을 해석하는 이른바 '인지적 구두쇠'가 되기 쉽다(Fiske & Taylor, 1984). 인지적 구두쇠의 성향으로 인해 사람 사이 소통의 과정에서는 오류가 일어날 가능성이 커진다. 과거 누적된 경험으로 만들어진 편견, 고정관념, 선입견 등은 정보를 왜곡해 받아들이게 한다. 모든 소통의 과정은 정보가 제대로 전달되는 '이해'와 엉뚱한 뜻으로 전달되는 '오해'의 가능성을 포함한다(나은영, 2015). 공유하는 경험과 문화가 적을수록 오해가 일어날 가능성은 더 크고, 이는 갈등의 씨앗이 될 수 있다. 즉, 소통의 과정에서 상대방이 어떤 부분을 어떻게 받아들였는지를 확인하고, 오류를 수정하는 과정이 생략된다면 우리 사회의 갈등은 깊어질 수 있다.

인간과 AI의 소통이 가진 잠재적 위험

한때 SNS를 통해 게시된 한 사과문에 '심심한 사과'라는 단어가 논란이 되었다(이가람, 2022.8.21). 여기에 쓰인 '심심함'이란 '마음 표현 정도가 깊고 간절함'을 의미했지만, 많은 네티즌은 이를 동음이의어인 '지루함'의 뜻으로 받아들이고 항의성 댓글을 달았던 것이다. 단어를 잘못 이해해서 문제가 되었던 일은 이뿐만이 아니다. 어느 해 광복절이 연휴가 되면서 '사흘간 황금연휴'라고 표현한 기사에 일부 네티즌들이 "3일을 쉬는데 왜 사흘이라고 하나, 사흘은 4일 아닌가?"라고 항의했다는 보도도 있었다(박효주, 2023.5.3). 이러한 웃지 못할 해프닝에 대해 어떤 이들은 디지털 세대의 낮은 어휘력과 문해력에 대한 문제를 지적하기도 했고, 다른 이들은 새롭게 알게 된 지식을 배우고자 하지 않는 태도를 지적하기도 했다. 지적된 사실들도 문제지만, 이해를 잘못한 사람들의 태도도 매우 큰 문제로 보인다. 자신이 틀렸을 가능성을 전혀 고려하지 않고 앞뒤 가리지 않고 항의 하는 행동은 이렇게 크고 작은 사회적 갈등을 만들 수 있다. 따라서 문맥상 적합하지 않은 단어가 언급되더라도 무조건 비난하기보다는 일단은 상대방을 호의적으로 받아들이려는 자세가 필요하다. 그리고 추후 문제의 단어가 가진 다른 뜻이 있는지 찾아보거나 단어를 언급한 상대에게 그 의미를 질문하는 방식이 적합할 것이다.

더불어 갈등을 최소화하기 위한 소통이 일어나기 위해서는 상대방에 대한 다차원적인 이해가 우선될 필요가 있다. 상대방을 깊이 있게 이해하려는 노력이 바로 공감인데, 공감은 앞서 3장에서 설명한 바와 같이 다른 사람의 생각이나 감정에 자신을 투영해 그의 입장이 되어보는 과정을 포함하기 때문이다. 사회 구성원 모두가 행복한 사회를 원한다면, 기본적으로 우리는 서로 공감해야 한다.

그러나 타인의 상황이나 입장을 유추하고 이해하려는 노력이 요구되는 공감은 결코 쉬운 일이 아니다. 특히나 인지적 구두쇠인 인간에게 공감은 귀찮은 과정으로 느껴질 수 있다. 더불어 공감은 양방에서 일어나야 훨씬 효과적일 수 있는데, 서로가 아니라 한 사람의 일방적 노력에서 그치는 경우도 많다. 이때 공감을 위해 일부러 에너지를 기울인 사람은 허무함을 느낄 수도 있다.

그래서인지 현재의 AI 기술은 공감의 귀찮음을 해결해 주는 방향으로 발전하는 듯하다. 궁금한 사항을 알아보기 위해 프롬프트를 입력하는 사람은 기계의 마음을 읽고 단어 선택에 신경을 쓰거나 질문을 가릴 필요가 없으니 공감의 노력도 배제된다. 더불어 앞서 설명한 바와 같이, AI는 생각의 결과로 답을 내놓는 것이 아니라 프롬프트에 대한 대답으로서 가장 확률이 높은 토큰을 연결해 문장을 구성한다. 이 때문에 프롬프트는 완성형 문장일 필요도 없고, 질문의 요지가 분명하지 않더라도 AI는 키워드에 가장 연결성이 높은 답을 만들어 제공한다.

이는 꽤 편리해 보이지만, 우리가 공감 노력을 기울일 기회를 앗아 감으로 인해, 사회 전반의 공감 능력이 퇴화할 가능성도 있다. 얼마 전 유튜브를 통해 한 오디션 프로그램의 영상을 보고 탄식한 일이 있었다. 이 영상에서는 한 소녀가 심사위원 앞에서 춤을 보여 주어야 하는데 음악을 준비하지 못했다고 이야기한다. 그러자 한 심사위원이 "그럼 노래 없이 춤추시겠다는 건가요?"라고 묻는다. 그러자 소녀는 "그건 못할 것 같아요"라고 대답하고 분위기는 일순간 얼어붙는다. 결국 심사위원들이 생으로 노래를 불러 주는 데 맞춰 소녀는 춤을 춘다. 아마도 소녀는 "노래를 준비하지 못했다"라는 말을 통해 스튜디오에서 노래를 준비해 달라는 이야기를 전하고 싶었을 것이다. 그러나 소녀는 상대방이 자신의 요청에 대해 이해할 수 있는 정보는 배제한 채 자신의 상황만을 이야기했고, 그것이 그곳에 모인 사람들을 불편하게 했다. 물론 이 사례를 일반화할 수 없지만, 최근 여러 미디어를 통해 경솔한 발언들을 함으로써 논란을 일으킨 정치인 · 유명인 등에 관한 기사나 비상식적인 발언이나 행동을 한 사람들에 관한 폭로 글이 끊이지 않는 것은, 우리 사회 전반에서 공감이 제대로 이루어지지 않고 있음을 보여 주는 듯하다.

우리는 도구적 소통 과정에서 성공적인 대화를 이끌기 위해 상대방이 맥락을 최대한 이해할 수 있도록 관련 정보를 제공한다. 그렇지만 AI와 대화를 할 때 이러한 배려는 꼭 필요하지 않다. AI는 어떻게든 답을 만들어 낸다. 그 답이 내가 원하는 답이 아닌 경우 똑같은 질문을 다시 넣으면 또 다른 답을 즉각적으로 제공한다. 그래서 때로는 질문자의 의도보다 더 그럴싸한 답을 얻을 수도 있다. 하지만 사람들이 이런 방식의 대화에 익숙해지면 더더욱 대화 상대와 공감하려는 노력을 귀찮게 여길 수 있다. 그리고 공감 작용이 일어나지 않는 사회에서 성원 간의 갈등은 깊어질 수 있다.

참고문헌

나은영(2015).『인간 커뮤니케이션과 미디어』, 한나래아카데미.

이가람(2022.8.21). "심심한 사과? 나는 하나도 안 심심해!"... 사과문이 쏘아올린 '문맹' 논란. 매일경제, https://www.mk.co.kr/news/society/10429712

박효주(2023.5.3). 부처님오신날 '사흘' 연휴에 "왜 4일?"… 또 번진 '문해력' 논란. 머니투데이, https://news.mt.co.kr/mtview.php?no=2023050311112242113

Arendt, H.(1958). *The human condition*, University of Chicago Press. 이진우 · 태정호 옮김(1996).『인간의 조건』, 한길그레이트북스.

Humor M.(2023.9.11). Understanding "tokens" and tokenization in large language models. medium, https://blog.devgenius.io/understanding-tokens-and-tokenization-in-large-language-models-1058cd24b944

Driess, D., et al.(2023). Palm-e: An embodied multimodal language model. arXiv preprint arXiv:2303.03378.

Fiske, S., & Taylor, S.(1984). *Social cognition*, Boston, MA: Addison-Wesley.

Lex Fridman(2024). Yann Lecun: Meta AI, Open Source, Limits of LLMs, AGI & the Future of AI, https://www.youtube.com/watch?v=5t1vTLU7s40&t=0s

Oracle. 자연어 처리란? https://www.oracle.com/kr/artificial-intelligence/what-is-natural-language-processing/

Stanford University Human-Centered Artificial Intelligence. Artificial Intelligence Index Report. https://aiindex.stanford.edu/wp-content/uploads/2024/05/HAI_AI-Index-Report-2024.pdf

Step Ahead(2023). AI Thinking: The Ultimate Skill for the Future | Li Jiang of Stanford AIRE. https://www.youtube.com/watch?v=7dsi6TAbYC0

09

AI 시대의 공감

사람들은 공감의 긍정적인 면에만 관심을 가지기 때문에, 공감은 무조건 옳다는 생각을 하기 쉽다. 그러나 역설적으로 공감 때문에 비인간적인, 그래서 인간의 존엄성이 위협받는 상황이 벌어지기도 한다. 공감이 범사회적으로 긍정적인 효과를 내기 위해서 우리는 감정적 공감과 이성적 공감을 구분할 수 있어야 한다. 또한 공감이 작동하는 상황에서 자신이 느끼는 감정이 어느 한쪽에 치우친 것은 아닌지 돌아볼 필요가 있다.

AI와 화장품?

공감의 역설

앞서 3장에서 설명한 바와 같이 공감은 크게 세 차원인 인지 · 이성적 층위, 정서 · 직관적 층위, 그리고 행동적 층위로 분류되어 연구되었다. 이 중 정서 · 직관적 층위의 공감은 인지 · 이성적 층위의 공감에 비해 본능에 따른다는 특성이 있다. 사회심리학자들의 연구에 따르면 인간은 집단으로 묶였을 때 자신이 속한 집단에 우호적인 태도를 보이는 특성이 있다. 윌슨(2012)은 집단으로 묶이는 이유가 특별하지 않아도, 심지어 임의로 집단 구성원이 결성될 때도 외집단보다 내집단을 긍정적으로 평가하는 경향성이 보편적이고 강력하게 나타난다는 점을 바탕으로 이를 본능이라고 판단했다. 그리고 여러 연구는 이러한 경향성이 호르몬의 영향이라는 점을 밝혔다(Kosfeld et al, 2005; Zak et al, 2007; De Dreu et al, 2011). 사람들의 결속력을 높이는 옥시토신 호르몬이 내집단 구성원에게 한정되어 작용하는 특징이 있다는 것이다. 이렇게 집단을 강조하는 본능 때문에 정서 · 직관적 층위의 공감은 일부러 노력을 기울이지 않아도 어렵지 않게 발현되는 특징이 있다.

그런데 사람들이 내집단과 외집단을 나누는 본능은 내집단에 대한 애착을 형성시키는 대신, 외집단 대상에 대해서는 강하게 거부하는 마음이 들도록 하는 부작용이 있다. 이러한 경향성은 내집단에 대한 공감이 강할수록 더 크게 일어난다. 내집단에 대한 공감이 강할수록 외집단에 대한 공감은 약할 수 있다는 것이다.

문제는 내집단에 대한 공감이 극단적으로 발현되는 경우, 이것이 외집단을 인간 이하의 가치 없는 대상으로 인식하는 '비인간화'로 이어질 수 있다는 점이다. 인간의 부정적 심리를 다룬 대표적 실험 중 하나인 '권위에 대한 복종 실험'의 결과가 이를 잘 보여 준다(Milgram, 1974). 이 실험은 피험자 한 명과 희생자 한 명이 조를 이루어 진행된 실험이다. 피험자와 같은 방에 있는 연구자가 문제를 내면 벽 너머 방에 있는 희생자가 답을 맞히는 방식으로 진행된다. 피험자는 희생자의 모습을 볼 수 없지만, 소리를 통해 그의 반응이 피험자에게 전달된다. 만약 희생자가 선택한 답이 정답이 아닌 경우, 피험자는 희생자에게 전기 충격을 가하도록 지시가 내려진다. 문제가 진행될수록 전기 충격의 강도는 강해지는데, 초반에는 전기 충격에 대한 반응이 가벼운 편이지만, 뒤로 갈수록 마치 생명에 위협을 받는다는 듯 절규하고, 나중에는 기절하는 듯한 반응을 보인다. 이 실험은 피험자가 이 비윤리적인 행태에 얼마나 복종하게 되는지를 보여 주는 실험이지만, 추후 피험자가 했던 인터뷰를 통해 놀라운 사실이 발견되었다. 이들은 전기 충격 스위치를 누르는 강도가 높아지면서 죄책감을 느꼈는데, 어떤 지점부터는 내면에서 "희생자는 게으르고 무능해. 그래서 이 벌을 받아 마땅한 놈들이야"라고 생각하게 되었다는 것이다. 이때 피험자들의 마음에서는 공감해야 할 내집단(피험자와 연구자)과 공감할 가치가 없는 외집단(희생자)을 가르고, 비인간적인 행위를 함에 대한 죄의식이 흐려진 것이다.

이성적 공감의 필요성

내집단과 외집단을 가르고 외집단을 비인간화하는 현상은 공감을 강조하는 21세기에 오히려 더 크게 불거지는 듯하다. 지난 2020년부터 약 2년에 걸친 팬데믹 동안 미국과 유럽 등 서구권 국가에서 많은 동양인이 무차별로 폭행당하거나 인권을 유린당했던 사건들에 관한 기사가 쏟아졌다(김인오, 2020.2.7; 문지영, 2020.6.25; 김용철, 2021.3.3). 당시 코로나바이러스의 유행은 세계 사람들에게 위기감을 느끼게 했는데, 특히 이 바이러스가 중국에서 시작되었다는 보도는 일부 서구권 사람들의 마음에서 중국인을 배척하려는 마음을 키웠다. 그들에게 중국인을 가르는 기준은 동양적 외모였고, 외모가 동양인인 사람을 외집단으로 묶어 비인간적인 행동을 한 것이다. 이뿐 아니라 현재 우리나라에서는 자신과 성별이 다른 집단을 비하하거나, 젊은 층이 연세가 있는 층을 비하하는 등의 현상이 짙어지고 있다. 이들은 외집단에 대해 '~충'이라는 접미사를 붙여 마치 그들을 벌레처럼 취급하는 비인간화를 실천하며 인간 존엄성을 훼손하고 사회를 분열시킨다.

이에 장대익(2022)은 우리에게 시스템 2에 의한 공감이 필요함을 강조했다. 참고로 그가 언급한 '시스템 2'는 행동경제학자 대니얼 카너먼(Daniel Kahneman)이 제시한 개념이다. 카너먼은 인간이 시스템 1과 시스템 2의 두 가지 사고 체계를 가졌다고 설명했다(Kahneman, 2011). 시스템 1은 직관적이고 정서적인, 시스템 2는 논리적이고 이성적인 사고 체계다. 시스템 1은 대개 반사적이고 무의식적으로 일어나는 반응으로 이어져 오류가 많은 편이다. 보통 시스템 2는 시스템 1이 작동된 이후 오류의 보완을 위해 작동하는데, 시스템 2는 주의력과 집중력을 들이는 사고이므로 정확하거나 합리적일 가능성이 크다. 그러나 귀찮은 생각 회로를 일부러 작동시켜야 한다는 이유로 많은 사람이 의사 결정을 할 때 5% 정도만 시스템 2를 작동시키고, 나머지 95%는 시스템 1에 의지한다. 이 체계를 공감에 적용해 보면, 즉각적이고 감정적인 공감은 시스템 1에 의해, 인지적이고 이성적인 공감은 시스템 2에 의해 일어난다고 볼 수 있다.

시스템 2에 의한 공감은 공감의 적용 범위를 넓혀 내집단에 한정되었던 생각을 확장하게 만든다. 장대익(2022)은 이를 '구심력'과 '원심력'의 개념으로 설명했다. 그는 '나'를 중심으로 공감의 반경을 구분했는데, 이는 '자아' → '가족' → '지역 공동체' → '국가' → '모든 인간' → '모든 포유류' → '모든 생물체' → '모든 물체'의 순서로 왼편이 오른편의 부분집합이 되는 겹친 원의 형태를 그린다. 본능에 의해 직관적으로 일어나는 시스템 1에 의한 공감은 넓은 반경보다는 좁은 반경 중심으로 공감을 작동시키는 경향이 높고, 이성적 판단이 개입되는 시스템 2에 의한 공감은 시스템 1 이후 작동되어 공감의 반경을 넓힌다. 즉, 시스템 1에 의한 공감은 내집단에 집중되어 외집단을 소외시키며 인간 존엄성을 훼손할 가능성을 가지지만, 시스템 2에 의한 공감을 작동시키면 외집단에 대한 포용성을 높여 사회가 더 긍정적으로 발전하게 할 수 있다.

그렇다면 공감의 범위는 어느 영역까지 넓어질 필요

가 있을까? 사실 상황마다 다르다는 것이 정답일 것이다. '나'가 중심이 되는 이기적으로 행동하고 싶은 상황에서는 그보다 높은 차원의 반경인 사회 공동체적 차원에서 공감하도록 시스템 2를 작동시킬 필요가 있다. 그리고 내가 속한 집단 중심으로 외집단을 차별하고픈 마음이 올라온다면, 외집단까지 포함한 한 단계 더 넓은 집단 차원에서 공감하도록 시스템 2를 작동해야 할 것이다. 사회의 다수가 시스템 1 공감이 작동하는 순간마다 충동을 억제하고 거시적으로 더 많은 사람의 이익과 행복을 위해 시스템 2를 작동시킨다면, 비인간화 현상은 사라질 수 있지 않을까?

인간 존엄성을 위한 공감

AI를 비롯한 첨단 기술이 인간 사회적 관계에 개입되는 비중이 점차 늘어나는 시대, 우리는 AI가 제공하는 콘텐츠에 우리의 생각이 지배되지 않도록 공감의 반경을 한 차원 넓히려는 노력을 의식적으로 기울일 필요가 있다. 현재 가장 활발히 이용되고 있는 AI 기술 중 하나는 이용자 시청 기록을 바탕으로 콘텐츠를 추천해 주는 알고리즘이다. 이는 시민 대다수가 자신과 같은 생각이나 가치관을 가졌다는 착각을 일으켜 시야를 편협하게 한다. 이는 나와 같은 편이 많다는 것을 느끼게 함으로써, 나와 다른 가치관을 가진 외집단의 허물에 마음껏 손가락질하도록 유도한다. 이는 나와 같은 생각을 공유하는 집단이 외집단보다 우월하다는 감정을 만끽하게 함으로써 시스템 2 공감으로의 확장을 막고, 인간 존엄성에 위협을 가한다.

우리는 또한 소통의 매 순간 타인의 입장에 서 보는 인지적 공감을 작동시킬 수 있도록 노력해야 한다. 타인과의 소통 과정에서 기술의 과한 활용은 인간의 사회성을 미숙하게 만듦으로써 갈등을 유발할 수도 있다. 문자와 메신저 채팅 서비스는 음성 통화에 두려움을 느끼는 '콜포비아' 현상을 만들었다. 마찬가지로 LLM이 범용화되어 우리 생활 곳곳에서 활용성이 확대된다면, 사람들은 허술하게 질문해도 찰떡같이 알아듣는 소통 방식에 익숙해질지도 모르며, 그 결과 사람 간 소통에 불편이나 두려움을 느끼게 될 수도 있다. 따라서 공감을 통해 그들이 내가 전달하고자 하는 뜻을 알아듣게 하려면 어떤 단어를 선택하고, 어떤 정보를 제공하며, 어떤 태도를 보여야 좋을지 충분히 생각하고 소통하는 것에 익숙해져야 한다. 사회적 동물로 태어난 이상 우리는 타인과 교류를 통해 자신의 정체성과 존엄성을 확인할 수밖에 없다. 우리의 삶을 의미 있게 느끼고 행복해지기 위해서는 이러한 과정이 꼭 필요하다. 소통의 매 순간 다른 사람에 대한 공감의 노력을 기울이지 않고, AI에게 말하듯 자신이 원하는 말만 한다면, 우리는 타인에게 원하는 답을 얻지 못하게 되는 것은 물론 불필요한 오해와 갈등을 빚을 수도 있다. 더불어 그들을 통해 존엄성을 인지하게 될 기회도 잃어버리고 말 것이다.

더불어 비인간 대상에게도 공감의 노력을 기울일 필요가 있다. 그러나 그 공감의 목적 역시 결국 인간을 향한다. 앞서 내집단에 대한 공감 과잉은 외집단에 대한 '비인간화'로 이어질 수 있다고 언급했다. 이는 우리가 비인간 대상에게 함부로 대하는 것을 불편하지 않게 생각하는 경향성이 있음을 보여 준다. 비인간 대상에 대한 공감은 우리가 그 대상이 되었다고 상상해 봄으로써 함부로 대하지 않도록 우리를 제어할 수 있게 해 준다. 비인간 대상이 자연 환경이라면 우리는 환경 보호를 실천해 환경에 의한 국가 간, 사람 간 갈등을 완화할 수 있다. 비인간 대상이 인공적으로 만들어진 물건이라면 우리는 물자를 소중히 오래 사용함으로써 쓰레기 발생으로 인한 갈등을 완화할 수 있다. 특히 AI 시대, 우리는 가상 공간에서 만나는 캐릭터나 로봇에게도 공감의 노력을 기울일 필요가 있다. 소통을 목적으로 하는 AI는 인간과의 대화 과정에서 정보를 수집하고 학습해 더 자연스러운 대화를 위해 스스로 알고리즘을 변형한다. 과거 MS사의 채팅 AI 서비스 '테이'가 공개 16시간 만에 극단주의자 커뮤니티 회원들에 의해 인종차별주의자가 되었던 사례가 있다(Vincent, 2016). 국내에서도 AI 챗봇 '이루다'가 개인정보 유출과 혐오 발언으로 3개월 만에 서비스를 멈춘 사례가 있다(조민영, 2021.1.11). 만약 우리가 이들을 함부로 대하거나 사회적으로 해가 되는 말을 반복한다면 이들은 이를 학습해 사회적인 해를 끼칠 수 있다.

참고문헌

김용철(2021.3.3). "중국 바이러스, 꺼져" 대낮 영국서 중국인 두들겨 맞아. SBS 뉴스, https://news.sbs.co.kr/news/endPage.do?news_id=N1006228726

김인오(2020.2.7). 중국발 코로나 탓에 서구권서 아시아인 혐오정서↑. 매일경제, https://www.mk.co.kr/news/world/9195164

문지영(2020.6.25). "코로나 감염된 중국인" 한국계 네덜란드 소년 폭행 당해, YTN, https://www.ytn.co.kr/_ln/0134_202006251120019738

장대익(2022). 『공감의 반경』, 바다출판사.

조민영(2021.1.11). '성희롱·혐오' 논란…AI '이루다' 3주만에 결국

멈췄다, 국민일보,
https://m.kmib.co.kr/view.asp?arcid=0015415588

De Dreu, C., et al.(2011). Oxytocin promotes human ethnocentrism. *Proceedings of the National Academy of Sciences, 108*(4), 1262-1266.

Kahneman, D.(2011). *Thinking, fast and slow*, Farrar, Straus and Giroux. 이진원 옮김(2012). 『생각에 관한 생각: 우리의 행동을 지배하는 생각의 반란』, 김영사.

Kosfeld, M., et al.(2005). Oxytocin increases trust in humans. *Nature, 435*(7042), 673-676.

Milgram, S.(1974). *Obedience to authority: An experimental view*, New York: Harper and Row. 정태연 옮김(2009). 『권위에 대한 복종』, 에코리브르.

Vincent, J.(2016.3.24). Twitter taught Microsoft's AI chatbot to be a racist asshole in less than a day. The Verge, https://www.theverge.com/2016/3/24/11297050/tay-microsoft-chatbot-racist

Wilson, E.(2012). *The Social Conquest of Earth*, WW Norton & Company. 이한음 옮김(2013). 『지구의 정복자』, 사이언스북스.

Zak, P., et al.(2007). Oxytocin increases generosity in humans. *PloS one, 2*(11), e1128.

10
AI와 인간 사이 관계 정립

AI의 빠른 발전에 대해 비판과 염려가 제기되고 있지만, 기술 문명과 동떨어진 삶을 살지 않는 이상 AI와의 공생 방안에 대한 고민은 불가피하다. 도구로서 AI는 어떤 의도로 사용되는가에 따라 개발된 목적에 맞게 인간에게 즐거운 쓰임이 될 수도 있고, 완전히 반대로 재앙이 될 수도 있다. AI의 활용이 인류에 부정적인 결과로 이어지지 않기 위해, 활용 주체로서 인간은 어떠한 노력을 기울여야 할까.

종교와 AI?

AI는 도구다

도구는 기본적으로 인간의 더 나은 삶을 위해 개발된다. 그런데 우리 역사 속에서 처음 개발된 목적을 벗어나 오히려 인간에게 해결이 필요한 또 다른 문제를 생산했던 사례는 무수히 많다. 도구는 창조적 본능을 가진 인간에 의해 개발되었지만, 인간에 의해 그 쓸모가 재평가되기도 한다.

도구는 효율성 향상을 위해 개발되지만, 장기적 관점에서 오히려 효율을 떨어뜨리는 결과를 초래하기도 한다(손화철, 2020). 산업화 및 도시화로 인한 부작용이 대표적인 예다. 도시에는 인간이 효율적으로 거주하고 업무를 보기 위한 공간적 도구로 수많은 빌딩이 밀집되어 있다. 그런데 빌딩은 엄청난 양의 탄소 연료와 전기에너지를 끌어다 쓴다. 미국 에너지 정보관리국 자료에 따르면 지난 2023년 미국에서 소비되는 전체 에너지의 약 28%와 전기 에너지의 74%가 빌딩으로부터 소비되었다(EIA, 2024). 화석연료를 대체함으로써 온실가스를 최소화할 목적으로 개발된 원자력발전소 역시 장기적 관점에서 비효율적일 수 있다. 방사능이 유출되는 경우 환경 전반의 오염과 인간에게 치명적인 위험 발생 가능성이 있는 데다 폐기물 보관 비용이 높기 때문이다.

도구는 한 가지 용도로만 사용되지 않는다. 도구는 인간의 창의성에 의해 적용 범위가 확대될 가능성을 가지는데, 이것은 뜻밖의 행운이 될 수도 있지만 반면 재앙이 될 수도 있다. 휘발성이 높은 공업용 기름인 WD-40은 미사일의 부식과 습기 방지를 위해 개발되었다. 그러나 현재는 가정에서 스티커 제거, 경첩의 삐걱거림 방지, 심지어 살충제로 활용되고 있기도 하다. 블루투스 기술도 원래 무선 헤드셋의 단거리 무선 통신 기술로 개발되었지만 현재는 스마트폰, PC, 자동차 등 다양한 기기 간 데이터 전송 및 연결의 표준 기술로 자리 잡았다. 한편 광산업에 쓰이기 위해 발명된 다이너마이트나 에너지 생산을 위해 연구된 원자핵은 원래 목적과 달리 전쟁에서 살상 도구로 쓰였다.

도구는 또한 고장의 위험이 있다. 세상에 100% 안전한 도구란 없다. 기술적 인공물은 시시각각 변하는 '자연의 저항'에 노출되기 때문에 연구자의 머릿속에서 상상을 통해 설계된 이론과는 달리 완벽하게 제작되거나 유지되기 어렵다(Van Riessen, 1961). 특히 노후화된 기계는 지속적인 관리가 이루어지지 않으면 고장이나 오작동의 위험이 크다. 거의 매해 우리는 공장 기계나 수송기관의 오작동, 인공 에너지원의 발화, 건물의 붕괴 등으로 많은 사람이 중대한 상해를 입었다는 안타까운 기사를 접하고 있다.

인간 존엄을 위협하는 도구로서 AI

AI 역시 인간에 의해 개발된 도구로, 어떤 상황에서 어떻게 사용하는가에 따라 긍정적 또는 부정적 효과를 낳는다. 우리나라를 비롯해 독일, 일본 등 많은 국가에서는 AI가 인구가 급격히 감소하는 미래에 노동력을 대체해 생산성을 높이고 사회 문제를 해결하는 핵심이 되리라 기대하고 있다(김효진, 2018.6.15; 함예솔, 2021.4.13). 반면에 여러 학계 전문가들은 AI에 의한 인간 존엄성 훼손을 염려한다. 인간이 AI를 효율적인 도구로 활용하기 위해서는 AI로 인해 일어날 부작용에 대한 인지가 중요할 것이다. 전문가들은 다음 몇 가지 차원에서 AI의 인간 존엄성 위협 가능성을 살펴보았다.

먼저 기계가 인간의 업무를 대체하는 경우의 위협이다. 기계가 인간의 육체적 노동뿐 아니라 지식적 과업까지 대체한다면, 인간의 주체성은 흔들릴 수 있다. 유발 하라리는 AI에 의해 자동화가 심화한 사회에서는 인간이 인공지능보다 우위에 있는 능력과 관련한 직업이 주목받을지 모르나, 이에 대한 실체가 불확실함을 지적했다(大野和基, 2018). 그는 그로 인해 우리 사회에는 사람의 쓸모가 없어지는, 이른바 "무용 집단"이 생성될 수 있음을 우려했다. 하라리의 우려와 비슷하게, 철학자 닉 보스트롬(Nick Bostrom)은 AI가 기술적 성숙 단계에 이르면 인간의 행위가 목적성을 잃어버릴 수 있음을 걱정했다. 경제학자 다니엘 코언(Daniel Cohen) 역시 같은 이유로 인간성이 확보된 미래에 대한 비전이 필요함을 강조했다.

AI는 일부 부정한 목적을 가진 이들에게 사용됨으로써 반인륜적 편견을 증식시킬 수도 있다. 뇌과학자 김대식은 AI가 데이터를 인식하는 수준을 넘어 데이터를 새롭게 생산하는 단계까지 발전한 현재, 정교하게 생산되어 대중을 오도할 가능성이 있는 가짜 뉴스의 위험을 꼬집었다(김도현 외, 2020). 그는 인간의 생각을 데이터로 활용해 결괏값을 제공하는 AI가 인간의 편향적 생각을 데이터로 재생산해 반인륜적 차별과 편견을 심화할 수 있다는 점 또한 우려했다. 하라리 역시 같은 맥락에서 알고리즘 의존도가 높아지는 사회를 염려했다(Harari, 2018). 코언은 각종 디지털 정보들이 경제적 가치를 갖는 시대, 우리가 가진 생체정보뿐 아니라 기억·경험·감정까지도 디지털 재화로 변환되어 거래될 수 있으며,

그로 인해 AI에 의해 인간의 행동이 통제되고 조작될 여지도 있음을 지적했다(大野和基, 2018).

또한 AI 기술력의 활용은 경제적 격차를 넓힘으로써 인류 공감에 큰 걸림돌이 될 수도 있다. 코언은 재벌기업과 같은 소수가 AI와 같은 첨단 기술로 인력을 대체하며 높은 효율의 생산을 통해 부를 벌어들이면, 결과적으로 경제적 불균등 현상이 가속화될 수 있음을 염려했다(大野和基, 2018). 이러한 불균형은 국가 간에도 똑같이 적용된다. 첨단 기술에 적극적인 투자가 가능한 국가와 그렇지 않은 국가는 경제적으로 격차가 벌어질 수밖에 없다. 국가 간 경제적 불균형은 소수 국가에 권력의 쏠림을 만든다. 이는 경제적으로 열세인 국가에서 사회를 이끄는 계층이 부유한 국가로 이주하는 현상을 증가시키며, 빈곤 국가가 경제적으로 개선될 가능성을 희박하게 만드는 악순환의 고리가 된다. 공감의 확장도 경제적으로 안정한 상태에서나 일어날 수 있는 것이다(Rifkin, 2009). 사회 공동체, 지구 공동체를 이루는 구성원들이 이기적인 차원에서만 공감을 작동시킨다면 인류의 존엄성은 머지않아 무너질 것이다.

AI와 인간 사이 공생을 위한 관계

이들 위협은 인간이 우선이라는 생각의 결여에서 기원한다는 공통점이 있다. 즉, 인간의 존엄보다 개인의 이익 추구에 집중하는 사람들에 의해 AI가 사용될 때, AI 사용의 결과는 위험해질 수 있다. 오픈AI사 웹사이트에는 'AGI(범용AI)가 모든 인류에게 이익이 되도록 하는 것(to ensure that artificial general intelligence benefits all of humanity)'이 회사의 미션임을 밝히고 있다. 그러나 과거 테슬라 CEO 일론 머스크는 오픈AI가 미션과 달리 코드를 비공개하는 것이 영리 추구 행위라고 강력히 비난한 바 있다(장유미, 2024.3.2). 이처럼 현재 AI를 연구 · 개발하는 주요 빅테크 기업들은 AI가 인간을 향해야 한다는 사실을 인지하고 있는 듯하다. 그렇지만 자본주의 경쟁 사회에서 AI 개발과 활용에 대한 목표는 흔들리기 쉽다.

따라서 우리는 AI의 위협에 대해 기업에 모든 책임을 떠넘기기보다, 각자가 AI라는 도구에 압도되지 않고 스스로 주체성을 지킬 수 있도록 노력을 기울일 필요가 있다. 이반 일리치(Ivan Illich)는 산업화 시대에 도구와 자율적 공생의 관계를 유지해야 한다고 강력히 주장했다(Illich, 1973). 그는 못이나 망치 같은 것들뿐 아니라 학교, 병원, 제도까지 '도구'로 규정하고, 인간이 도구를 '이용'하는 것이 아니라 도구에 전적으로 '의지'한다면 인간은 수동적으로 되리라 경고했다. 그는 사람, 도구, 집단 사이 균형을 찾을 때 conviviality, 즉 모두가 즐거울 수 있는 상태를 이룰 수 있으리라 보았다. 그는 1970년대 산업주의를 '인류의 재앙'이라고 주장하며, 기술 성장이 중단되어야 함을 강조했다. 그는 대량생산에 의해 인간이 서로를 소외시키며 점차 파괴되어 가는 사회를 염려했다.

비록 일리치가 염원했던 바처럼 기술의 성장은 멈추지 않고 계속 발전해 현재에 이르렀지만, 공감을 통해 도구와 인간 사이 균형을 찾을 수 있으리라 믿는다. 지금까지 살펴본 바와 같이 우리의 공감은 인간 사이에서도, 비인간에 대해서도 필요할 것이다. 인간 사이 공감에서는 단어 선택이나 설명 방식에 의해 소통이 원활하게 이루어지지 않는 경우라도 최대한 서로에게 우호적인 태도를 보이는 노력이 요구된다. 화자는 최대한 상대방에 자신을 투영해 어려움 없이 의도가 전달될 수 있는 방법을 찾고자 해야 할 것이고, 청자는 이해가 가지 않는 부분이 있다면 질문을 통해 오해가 만들어지지 않도록 해야 한다. 이것이 AI 시대에도 인간으로서 존엄성을 지키며 모두가 행복할 수 있는 사회를 만드는 인간 대 인간 공감의 핵심이 되리라 본다.

비인간에 대한 공감은 특히 AI와 로봇의 경우, 내가 보이는 태도가 학습되어 다른 사람에게 영향을 미칠 수 있음을 항상 인지하고 사람을 대하는 것과 같이 존중하는 언어와 행동을 사용할 필요가 있다. 그러나 강조하고픈 점은 인간과의 공감과 비인간으로서 인공적으로 만들어진 도구에 대한 공감은 분명히 구분해야 한다는 것이다. 인간은 존엄의 대상으로서 공감할 필요가 있지만, 인공적 도구는 내 삶을 더 긍정적으로 만들어 줄 수 있는 지원자로서만 공감하는 것이 옳다고 본다. 예를 들어 AI 세탁기가 빨래를 인간보다 훌륭하게 해냈다고 해서 그를 존엄하게 볼 필요는 없다. AI 세탁기에 대한 공감은 내 삶을 윤택하게 해 준 데에 대한 고마움의 표현으로 기계를 조심스럽게 다루거나 깨끗한 상태를 유지해 주는 정도면 충분할 것이다. 이렇게 비인간 대상에게도 공감의 노력을 기울이는 관계를 만들어 간다면, 인류는 AI에 압도당하거나 인간 존엄성이 훼손되는 위험에서 점차 멀어질 수 있지 않을까.

참고문헌

김도현 외(2020). 『인간을 위한 미래』, 클라우드나인.

김효진(2018.6.15). "일본 저출산 · 고령화 · 지방소멸, '소사이어티 5.0'이 해결할 것". 아시아경제, https://view.asiae.co.kr/news/view.htm?idxno=2018061510072370539

손화철(2020). 『호모 파베르의 미래: 기술의 시대, 인간의 자리는 어디인가』, 아카넷.

장유미(2024.3.2). 오픈AI에 '뿔난' 일론 머스크, 샘 알트먼과 법적 분쟁 벌인다. 지디넷코리아, https://zdnet.co.kr/view/?no=20240302001451

함예솔(2021.4.13). Industry 4.0 구원투수 "스마트 팩토리". 이웃집과학자, http://www.astronomer.rocks/news/articleView.html?idxno=89924

大野和基(2018). 未來を讀む: AIと格差は世界を滅ぼすか, PHP研究所. 정현옥 옮김(2019). 『초예측: 세계 석학 8인에게 인류의 미래를 묻다』, 웅진지식하우스.

EIA(2024.8). August 2024 Monthly Energy Review, US Energy Information Administration, https://www.eia.gov/totalenergy/data/monthly/pdf/mer.pdf

Harari, Y.(2018). *21 Lessons for the 21st Century*, Random House. 전병근 옮김(2018). 『21세기를 위한 21가지 제언: 더 나은 오늘은 어떻게 가능한가』, 김영사.

Illich, I.(1973). *Tools for conviviality*, Harper & Row. 이한 옮김(2004), 『성장을 멈춰라!』, 미토.

Rifkin, J.(2009). *The Empathic Civilization: The Race to Global*

Consciousness in a World in Crisis, TarcherPerigee. 이경남 옮김(2010). 『공감의 시대』, 민음사.

Van Riessen, H.(1961). The Structure of Technology, *Research in Philosophy and Technology*, 2, 296-313.

이현정

중앙대학교 교양학부 부교수다. 중앙대학교 문화예술경영학과에서 경영학 박사 학위를 받았다. 2022년 방송통신위원회 메타버스 생태계 이용자 보호 정책추진단 자문위원으로 활동했다. HK+ 사업 '인공지능인문학: 포스트휴먼시대, 인문학 가치 고양을 위한 인공지능 인문학 구축' 공동연구원으로 참여 중이며(2017~2024), 2023 중견연구자지원사업 '기술과 인간의 호혜적 관계를 위한 공감 지표 개발'사업의 연구책임자를 맡고 있다(2023~2026). 저서로는 『감성 인공지능: 인간 이해와 감성 증강』(2024), 『문화예술산업 생태계 서비스모델』(2015)이 있다. "사회적 성향과 행동 양상에 따른 현실과 메타버스 내 관계 맺기에 대한 태도 차이"(2022), "Effect of gender diversity on corporate soundness and social contribution"(2023) 등 30편 이상의 논문을 KCI, SSCI, SCOPUS 등 국내외 학술지에 게재했다.